전쟁의 역사 1

전쟁의 역사

1 동서양의 격돌, 고대 그리스의 전쟁

남문희 지음

Humanist

살아 숨 쉬는 역사의 현장으로

생생하고 실감 나는 전쟁 만화를 찾지 못해 직접 그리기 시작한 지 5년이 지났습니다. 그러니까 5년 전, 이 작업을 시작하기 위해 관련 자료를 펼쳐 봤을 때 숨겨진 보물의 방을 발견한 것입니다.

전쟁의 역사를 공부하면서 많은 재미와 감동을 받았습니다. 진즉에 이런 사실을 몰랐다는 게 아쉽기도 했습니다. 옛사람들의 지혜에 무릎을 치며 감탄하기도 했고, 어떤 창작물보다도 극적인 사건 앞에서는 가슴이 두근거리기도 했습니다.

자료를 반복해 보며 '이 인물은 과연 이때 어떤 생각과 심정이었을까?', '왜 이런 행동을 했을까?' 등의 상상을 하고, 현상을 여러 각도에서 바라보면서 당대 인물들과 함께 호흡하는 느낌을 받았습니다. 활자 속 인물이 서서히 윤곽이 잡히자 그들은 형형한 눈빛을 빛내며 저에게 말을 거는 듯도 했습니다. 어쩌면 실제와는 다르게 윤색되거나 과장된 기록을 보며 혼자 느낀 착각일지도 모릅니다. 그러나 이런 만남은 인생에 있어 대단히 가치 있는 경험이라고 생각합니다.

승자의 입장에선 한없이 통쾌하고 벅찬 희열을 느꼈겠지만 패자, 배신당한 자, 권력자의 이해득실에 의해 사지로 내몰리는 민초의 입장에서는 전쟁이란 감당할 수 없는 비극이었을 겁니다. 이들의 입장, 묻혀 버린 절규들을 외면한다는 건 반쪽짜리 이야기밖에 안 된다는 생각도 듭니다. 가장 중요한 점은 인간의 역사 내내 이 비극이 그치지 않았다는 것입니다.

전쟁에는 대개 세 마리의 악마가 들어 있더군요.

'탐욕'과 '어리석음'과 '증오'.

인간은 눈부시게 진보하고 똑똑해졌지만 이 세 악마의 분탕질에 속절없이 무너졌습니다. 이전의 수많은 전쟁들이 차고 넘칠 만큼의 절절한 교훈을 주었지만 여전히 전쟁은 일어났고, 일어나고 있으며, 앞으로도 일어날 겁니다.

바로 이 사실이 개개의 전쟁보다 더 큰 비극인 것 같습니다.

인간의 역사에서 전쟁은 떼려야 뗄 수 없는 가장 중요한 요소입니다. 전쟁은 가장 극단적이며 새로운 지도자, 발명품, 가치와 질서를 낳습니다. 전쟁은 다양한 단면을 가지고 있습니다. 악마적인 면, 영웅적인 면, 추악하고 탐욕스러운 면, 장엄하고 희생적인 면….

독자 여러분께서 저와 함께 시간을 거슬러 역사 여행을 하며 전쟁의 본모습을 살펴보고 이야기하고 같이 느끼며 나름 뜻있는 시간이었다고 생각하신다면, 그보다 더한 보람은 없을 겁니다.

국제신문사와 휴머니스트 식구들에게 감사드립니다. 부모님과 아내, 그리고 은욱이와 형욱이에게 감사드립니다. 이렇게 벅찬 일인 줄 모르고 겁 없이 덤빈, 무지했던 나 자신에게 위로의 말을 전합니다.

2011년 10월
남문희

1 인류의 역사는 전쟁의 역사 10

2 그리스 중장보병 28

3 동서양이 맞붙은 페르시아 전쟁 42

4 강한 군대의 대명사, 스파르타 60

5 살라미스 해전의 영웅, 테미스토클레스 78

6 그리스의 쇠퇴, 펠로폰네소스 전쟁 100

7 신병기의 등장과 새로운 전쟁 방식 126

8 마케도니아, 역사의 주역에 서다 144

9 정복자, 알렉산드로스의 시대 162

10 페르시아의 몰락, 가우가멜라 평원의 전투 184

11 역사는 승자의 기록 202

● 전쟁, 그리고 남은 이야기 228

1

인류의 역사는 전쟁의 역사

인류가 집단을 형성하면서부터 전쟁은 시작되었다.
전쟁 기술은 다른 어느 분야보다 능률적, 효과적으로 발달해 왔다. 인간의 역사 속에서 전쟁이 태어났지만, 또한 전쟁이 역사를 만들기도 하고 무너뜨리기도 했다.

전쟁!

국가 또는 교전 단체 사이의
갈등을 무력을 통해
해결하려는 투쟁 행위.

전쟁은 고도의 정치 현상이며…

전면적이고 포괄적인 투쟁 관계이다.

전쟁은 잔혹하고 야만적이다.

전쟁에는 가혹한 희생과
약탈이 있고…

감당할 수 없는 피의 대가가 있다.

전쟁은 추악하다.
더럽다.

전쟁은 인간이 저지르는 가장
끔찍한 실수이자 재앙이다.
423

역사를 통틀어 수없이
많은 전쟁이 있었으며,

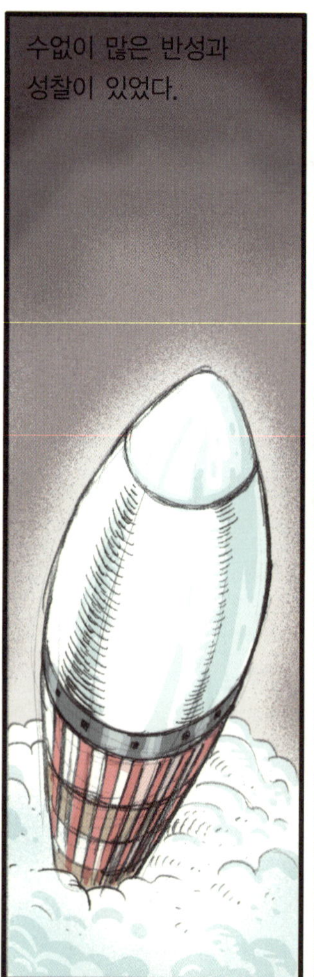
수없이 많은 반성과
성찰이 있었다.

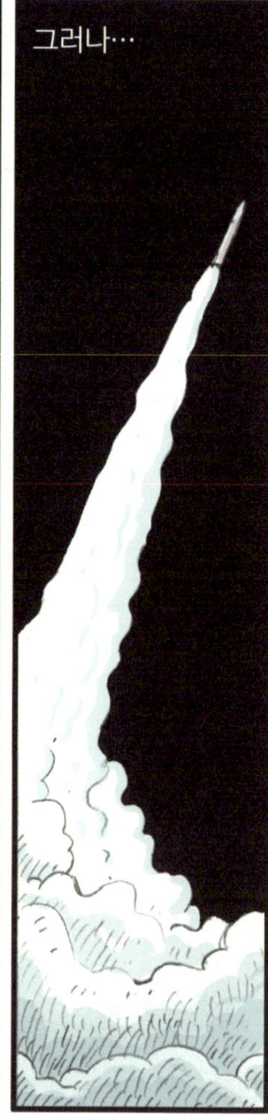
그러나…

어리석음은 반복되었고,
전쟁은 일어나고
일어나고 또 일어났다.
인류의 역사는 곧 전쟁의 역사라고
해도 과언이 아닐 것이다.
인류는 왜,
어떤 방식으로 싸웠고,
어떤 결과를 냈으며,
도대체 왜 그런
결과가 나왔을까?

시간을 거슬러 올라가 보자.
500년 전, 1,000년 전…

쿵!
쿵 쿵!
숨어!
빨리빨리.

당시 이미 대규모의 군사 집단이 존재했고, 거대한 요새도 만들어졌다.
쿵쿵쿵쿵,

전쟁의 기술은 훨씬 옛날부터 축적되어 왔고,
너무한 거 아냐? 겨우 석기시대인데 말야~.
마치 SF영화 같아.

활도 사용되고 있었다.
슈
슈
팍
뜨아-
절대 병기닷!!

5,500년 전에 이미 전차가 전장을 누비고 다녔다.
대전차포 발사!!
그건 아직 발명이 안 됐는데요.
드드드드두두-

군사 조직은 다양하고 복합적이었다.
이 정도면 충분한 거 아냐?
보병

이집트의 왕은 친위 경호대를 거느렸고,
경호대

통신, 정보, 군사, 행정 조직도 발달했다.

암호화된 봉화 신호가 각종 명령과 상황을 전달했고,
군단장님께서 암행 시찰 나오셨다는 데요.
뭐…뭣?!

깃발과 나팔로도 신호를 보냈다.
각 부대에 연락해!
군 단… 장 님… 떴… 다…
뿌우
펄럭
펄럭

공병부대, 첩보부대, 의료조직, 수송대 등도
구성되어 있었을 뿐만 아니라,

그 외 기만, 유인, 매복, 기습, 포위, 심리전 등의
각종 책략도 일찍부터 쓰고 있었다.

시대에 따라 셈 왕조, 수메르 왕조, 이집트, 힉소스,
히타이트 등이 그 세력을 과시했는데,

그중 최고는 단연 무시무시한
공포의 제국 아시리아라고
할 수 있다.

내가 포로를 처형한 산은 마치 피 먹은 솜처럼 붉게 물들었다.

아슈르나시르-팔 2세 (B.C. 883~B.C. 859)

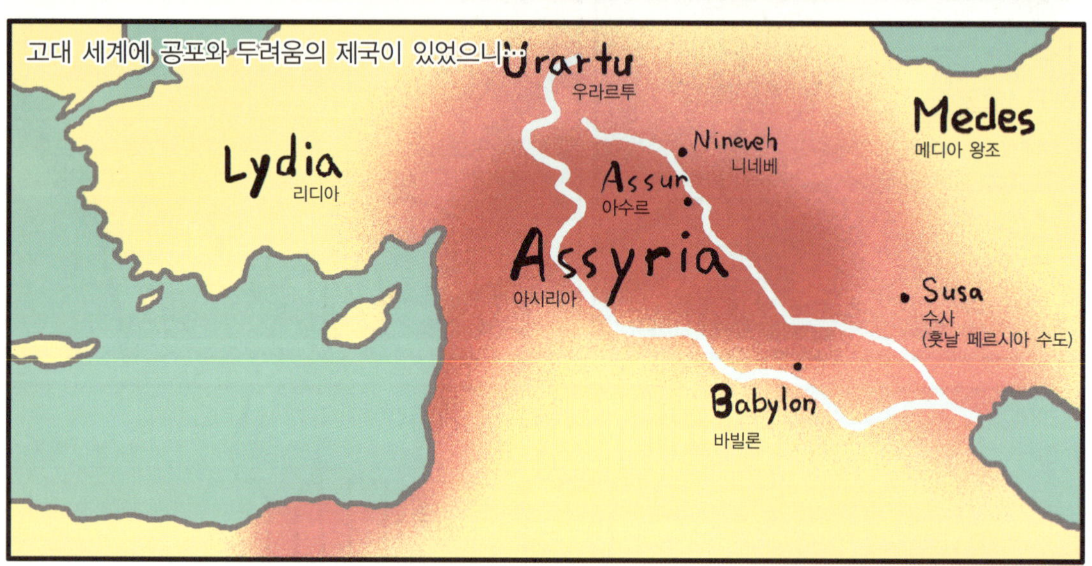

B.C. 2,500년경, 셈족의 2차 이동 과정에서 '아수르'라는 곳에 작은 도시 국가가 세워지게 된다.

'아수르'에서 탄생한 아시리아는 이후 1,000년이 넘는 시간을 역사의 주류에서 살짝 비켜선 채 성장을 하다가…

B.C. 960년 패권을 차지하고, 이후 360년간 피의 역사를 써 내려갔다.

아시리아가 강해진 데는
몇 가지 이유가 있었다.
민병 중심의 군대를 상비군 위주의
군대로 재편하고,

이제 어엿한
고소득 전문직
이라구!

신랑감 1순위!

전차, 기병, 경보병, 중보병, 포병,
기술 지원, 첩보부대까지 구성된
아시리아…
다~
있지롱!

강력한 전차대가 적진을
갈라놓고,

창을 든 창기병이 돌격하면, 측면과
배후에선 활을 든 궁기병의 공세가
이어졌다.

거기에 밀집 대형을 이룬 장창부대와 궁수, 돌팔매병의
공격까지 이어지면 막아낼 수 있는 나라는 고대 세계
어디에도 없었다.

패한 나라들은 너무나 처참한 대가를 치러야 했다.
모든 주민이 강제 이주되기도 했고,
포로로 끌려가기도 했다.

남녀노소 전원이 학살되는
일도 다반사였다.

포로를 말뚝에 꿰고
산 채로 가죽을 벗겼다.
노예로 부릴 때 도망을
못 가도록 10만 명의 포로를
장님으로 만들기도 했다.

이렇게 잔혹하고
강력했던 제국
아시리아도 영원할
수는 없었으니,

내분에다 사치와 타락, 스키티아
· 메디아 · 바빌로니아 연합군에
의해 B.C. 612년 멸망하고 만다.

연합군은 바로 아시리아 스스로가 훈련시켰던
군대들이었다. 사치에 젖어 있던 아시리아의 마지막 왕은
세계 최고의 도시였던 수도 니네베에 불을 지르고 궁녀,
시종과 함께 불길에 몸을 던졌다.
아시리아인들은 그들 자신이 이전에 저질렀던 것처럼
노예가 되거나, 대규모 학살과 강제 추방을 당했다.

여기 한 명의 병사가 있다.
내가 보병의 비참함에 대해 말해 주리다.
좋소.

이집트와 히타이트 제국 간의 충돌이 끊이지 않던 때의 어느 날 새벽
기상!
전원 기상!
기상!!

그는 한 줌의 식사와 물만을 보급받은 채 맨발로 사막을 지나 사흘을 행군,

겨우 전장에 도착했다.
이탈자는 처형한다.

한 걸음도 물러서지 마라!
이탈자는 처형한다!

전진하라 무적의 보병이여
뿌우우우

끝을 알 수 없는 전쟁…

아비규환의 살육의 현장…

장기판의 졸을 대하듯 거리낌
없이 보병들을 사지로 몰아넣는
지휘관들….

편성된 대열을 박살내는
무시무시한 전차의 돌진

공포, 절망,
탄식, 울부짖음….

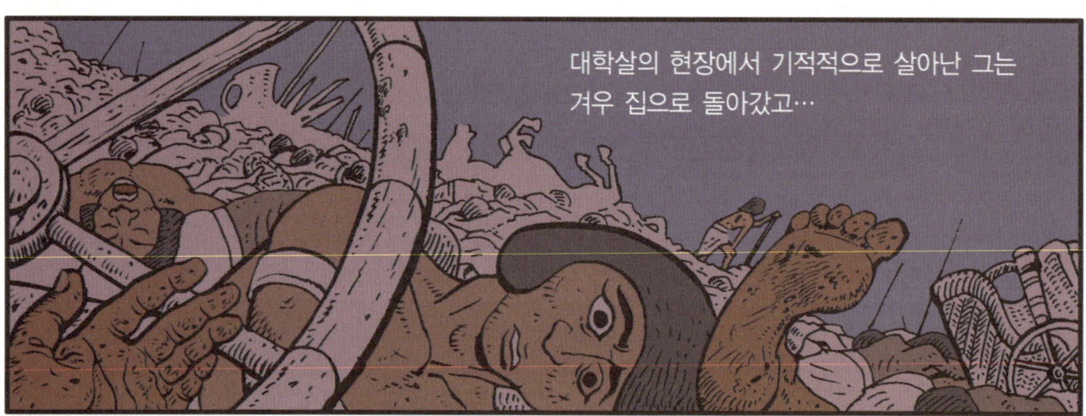
대학살의 현장에서 기적적으로 살아난 그는
겨우 집으로 돌아갔고…

자신이 겪은 보병의 비참한 현실을 생생히 전했다.

3,400년 뒤, 그의 증언이 새겨진
점토판이 발견되었다.

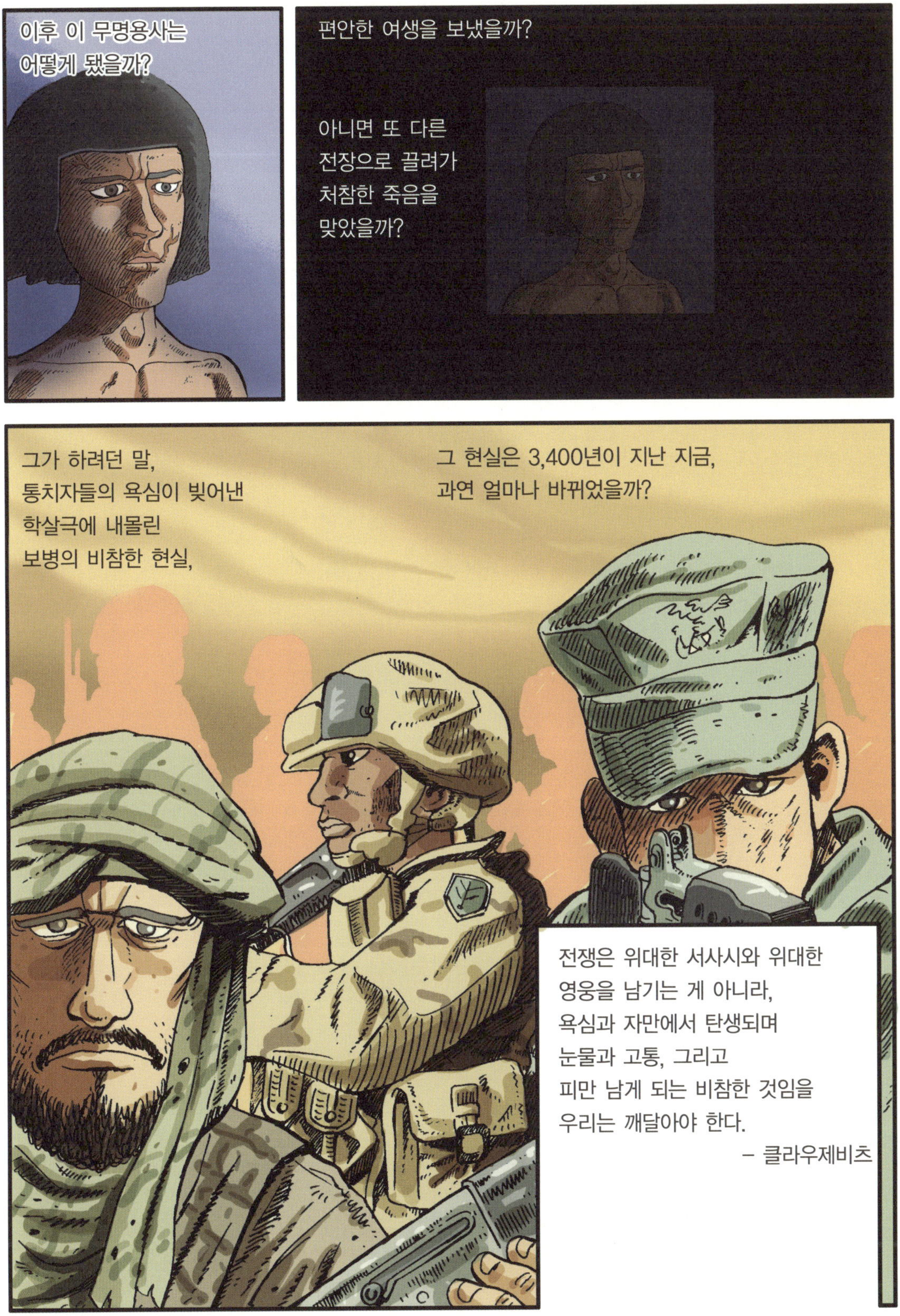

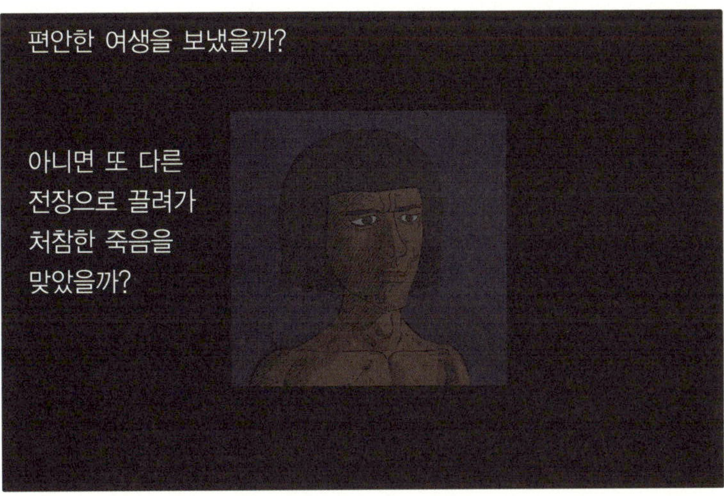

그가 하려던 말,
통치자들의 욕심이 빚어낸
학살극에 내몰린
보병의 비참한 현실,

그 현실은 3,400년이 지난 지금,
과연 얼마나 바뀌었을까?

전쟁은 위대한 서사시와 위대한
영웅을 남기는 게 아니라,
욕심과 자만에서 탄생되며
눈물과 고통, 그리고
피만 남게 되는 비참한 것임을
우리는 깨달아야 한다.
– 클라우제비츠

2

그리스 중장보병

중장보병은 시민권을 가진 그리스 자유 시민들이 자발적으로 무장해 구성한 부대다. 호플론(Hoplon)이라 불린 청동으로 만든 큰 방패, 흉갑 등의 장갑과 2미터가 넘는 긴 창을 가지고 있었다. 이들은 밀집 대형을 이루어 강력한 전투력을 선보였지만, 진형이나 지휘 체계가 단조로워 작전을 수행하는 데 약점도 많았다. '호플리테스' 라고도 한다.

오리엔트에서 각종 최첨단군이 화려한 전략 전술을 펼치는 동안…
뿌우~
전차돌격!
궁수부대 적 선봉에 교차사격!
뿌우우~
창병 대기!

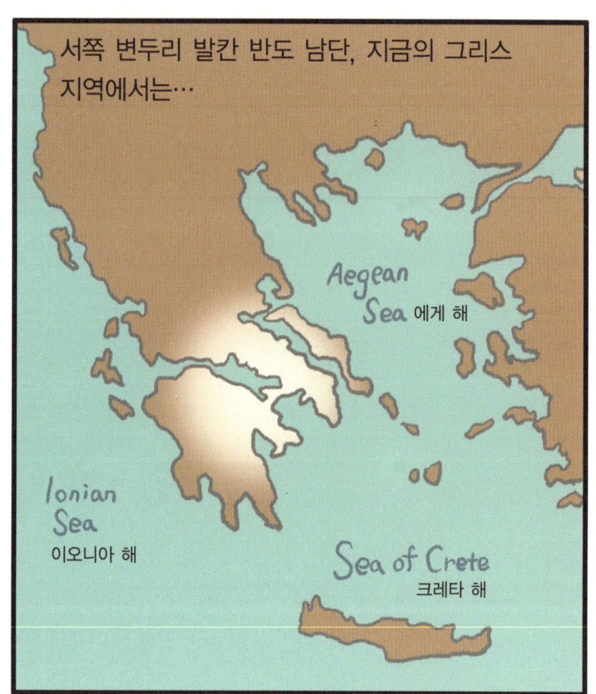
서쪽 변두리 발칸 반도 남단, 지금의 그리스 지역에서는…
Aegean Sea 에게 해
Ionian Sea
이오니아 해
Sea of Crete
크레타 해

그들만의 리그가 펼쳐지고 있었다.
으랏차차

이들은 강력한 전차 부대를…
전차…부대?
이것 한 대밖에 없는데…
다그닥
다그닥

보유하지 못했고, 체계적인 장교 집단…
그런 것도 없어~
…같은 위계 조직도 없었다.
훌쩍

그렇다면 활 부대는?
활은 비겁한 무기야.

통신, 정보, 군사, 행정, 공병, 수송 등의 조직도 거의 발달하지 못했다.
뭐가 그렇게 복잡해?
대충 하자구~

그렇다면 이들은 어떤 식의 편제에 어떤 식의 전투를 했을까?
우리?

우린 갑옷을 입고!
방패를 들고!
창으로 무장!
그리고…
주로 응원을 해!
와와
이겨라!

두가닥
전투는 주로 우리가 하지!!
다가닥!

스너피나 영롱이나 다 싸우면 난장판이 될 뿐…
영웅다운 멋과 낭만이 없잖아!

잘 보라구.
나의
무술 실력을!

두두두두
두두두-

휙-
휘릭-

어쭈
피했어?
깡
이 녀석!

이야아아-

챙
챙
챙
와-
와-
와아-
이겨라!

만약 오리엔트의 정예 부대가
이런 싸움을 우연히 보게 된다면…
나 참…
동네 건달들
싸움도
아니고….

전술이나
편제가 너무
형편없어.
우리가 3차원
입체 전략을
펼치는 반면
이들은 2차원
수준도 될까
말까야.

아무튼 개개인의 일대일 대결로 무용을 뽐내는
식의 전투가 주를 이룬 이 시대를 흔히
'제2의 청동시대', 또는 '영웅시대'라고들 한다.
낭만이
있잖아.

영웅시대 당시 그리스에 거주하던
아카이아인들은 활발한 해상 활동을
벌였고,
육지는
죄다 산들
뿐이니~

약탈이나
기습 공격을
일삼았는데…
해상 활동이라구~
저 해적 떼
또 나타났네!

그중 가장 유명한 것으로 일리아드의 모태가 되는
트로이 성의 목마 이야기가 있다.

B.C. 11세기 말, 그리스는 '암흑시대'로 접어 들게 된다.
어? 정전인가?

미케네 문명은 몰락하고 문자 체계도 사라져 버렸다.
일기를 써야 하는데…
글자를 까먹었어.
젠장…

인구는 왕창 줄었고, 경작지는 황폐해졌다. 주민들은 스무 명 정도의 무리로 흩어지거나 목축을 하며 유랑했다.
너무 살쪘네!
다이어트 좀 해야겠지?

암흑시대는 4세기 동안 계속됐고…
전기는 언제 들어온대?
400년쯤 뒤…

철기가 보급되고, 폴리스들이 생기면서 새로운 시대로 접어들었다.
누구세요?
와 밝아졌다
POLIS
POLIS
POLIS
POLICE

전투의 양상도 크게 바뀌었는데
으잉?
바뀌다니?

부가 쌓이고 제련 기술이 발달하면서 더 많은 사람들이 갑옷을 갖추게 되었다.
이야아~
옷이 날개라더니 폼 나는데~
흠!

그래 봤자
오합지졸
들이지!
난 평생
격투술을
수련해
왔다구!
척~!

격투기 공인
6~7단의
실력자인데…
저런 하수들은
한칼에 끝낼 수
있어!
쉬~ 쉬쉬쉬쉬 쉭~

칙악
힉!!

거기
방패 좀
줘~
슬금
슬금
슬금
슬금
슬금

....
바짝 붙어.
뭉치면 살고
흩어지면
죽는다!
발
밟지마!

일대일로 맞짱을 뜨거나 웅성거리며 느슨하게 싸우던 전투 대형이
기원전 700년을 지나면서 중무장을 한 보병들이
어깨가 닿을 정도로 와글와글 붙어서
밀집 대형을 이루는 것으로 바뀌었다.
중장보병은 시민권을 가진 시민 민병대로 구성되었고,
그 대부분이 토지를 소유한 자영 농민이었다.

개개인의 전투 기량이 상대적으로 떨어지는 이들은 똘똘 뭉쳐서 마침내 최강의 공격력을 보유하게 되는데…

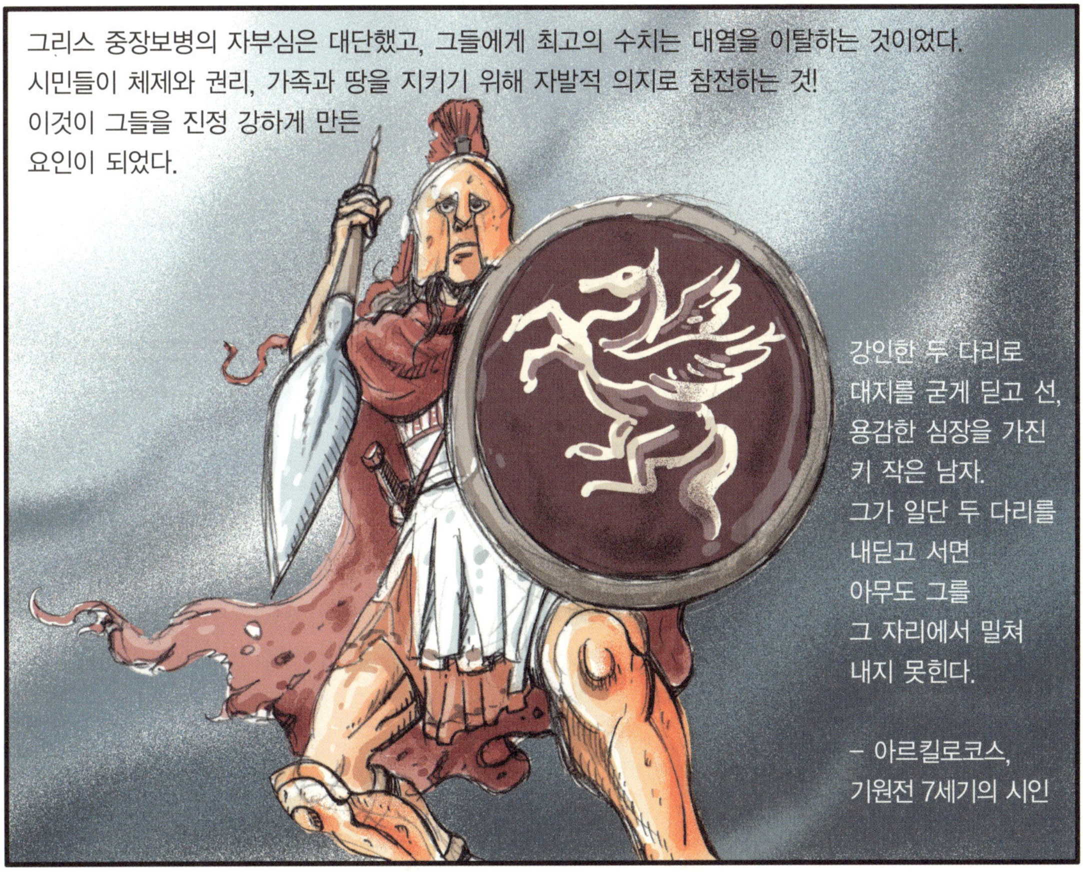

그리스 중장보병의 자부심은 대단했고, 그들에게 최고의 수치는 대열을 이탈하는 것이었다. 시민들이 체제와 권리, 가족과 땅을 지키기 위해 자발적 의지로 참전하는 것! 이것이 그들을 진정 강하게 만든 요인이 되었다.

강인한 두 다리로
대지를 굳게 딛고 선,
용감한 심장을 가진
키 작은 남자.
그가 일단 두 다리를
내딛고 서면
아무도 그를
그 자리에서 밀쳐
내지 못한다.

– 아르킬로코스,
기원전 7세기의 시인

그리스 자유 시민들이 자발적으로 참전해 구성한 중장보병의 밀집 대형.
호플리테스라 불러줘요~
한판 붙는 단다.
모여!

이들은 엄청나게 강했다…
…고 말할 수 있다.
당연하지!

혹은 엄청 약했다고도 할 수 있다.
무슨 소리야?
말도 안 돼!
우린 천하무적이라구!
조용히 좀 해!
잉?

우리가 약하다는 증거를 대 봐!
와글
와글
조용히 좀 하라구!
배고파!
와글
아냐, 어쩜 그럴지도 몰라.
와글
와글

와글
조용!
와글
내가 대장이잖아!
…이게 문제였다.

그리스군에는 체계적인 지휘 계통도 없었고, 중간 계층이나 장교도 없었다.
제발 조용!
그런 거 필요 없어!
근데 장교가 뭐야?
우린 모두 평등하다구~
여자와 노예만 빼고…
밥 먹고 합시다!

지휘관이 있었지만 밀집 대형 안에서 다른 병사들과 똑같이 싸웠다.
우린 평등하니까~

이런 방식이 사기를 끌어올렸을지는
모르지만,
우와아~
웅성
웅성
뭐야?
무슨
일이야?

유기적으로 군을
통제하는 데 있어선
빵점이었다.
젠장….

뭐가 제대로
보여야
대책을 세우든지
말든지 하지.

또 하나의 문제는…
안 되겠어!
지휘관으로서
명령을 내릴
수가 없잖아!

전부
비켜!
상황을 직접 살피고
명령을 내리겠다!

싫어!!!

우리도 구경하고
싶단 말야!
누구한테 이래라
저래라야!
우린
평등해!
병사들이 복종을
하지 않는다는
것이다.

그러다 보니…
학익진을 펼쳐라~!!
?
이런 건 전혀 불가능했고…

오직 단 한 가지!
공격~!
와아~
와
'앞으로 공격' 이라는 작전만 가능했다.

산이나 비탈이 아닌 평지에서만 싸울 수 있었고,
우린 링에서만 싸워!
우린 선수니깐!

성채를 공략할 수단은 거의 전무했다.
바보~
와
와와
깡
콩

결국 농작물, 가축 등을 약탈할 수 있는 여름철에만 전쟁을 했다.
헉
헥
헉
헥
아이고 더워~

장갑 보병들의 무장을
살펴보면…
황소를
8마리나 팔아서
마련했다구!
2.4미터
찌르는 창
투구
원형 방패
(9킬로그램)
검
흉갑(18킬로그램)
정강이받이
흉갑(윗몸에
두르는 갑옷)과
방패만 합해도
27킬로그램이나
되었다.

이렇게 무거운 장비를 착용하고 한여름에
오랜 전투를 할 수는 없는 법. 전투 시간은
겨우 1시간 정도였을 뿐이다.
엄청난
전투였어!
헉
헉
무려
2시간이나
싸우다니.

이런 여러 가지 치명적인 약점을 가진
그리스의 중장보병 밀집 대형.
잉?

그렇다면 이 약점들로 인해 형편없이
약하기만 했을까?
조용!
또
그 소리
야?
증거를
대 봐!
뭐야?!

그 답은 바로 그들의 역사를 통해 알 수 있을 것이다.

3

동서양이 맞붙은 페르시아 전쟁

기원전 492년부터 기원전 479년까지 페르시아가 세 차례에 걸쳐 그리스를 침범한 전쟁을 일컫는 말이다. 그리스의 여러 도시 국가들은 페르시아 제국에 맞서 승리하였고, 이후 아테네 문화는 번영의 길로 접어든다.

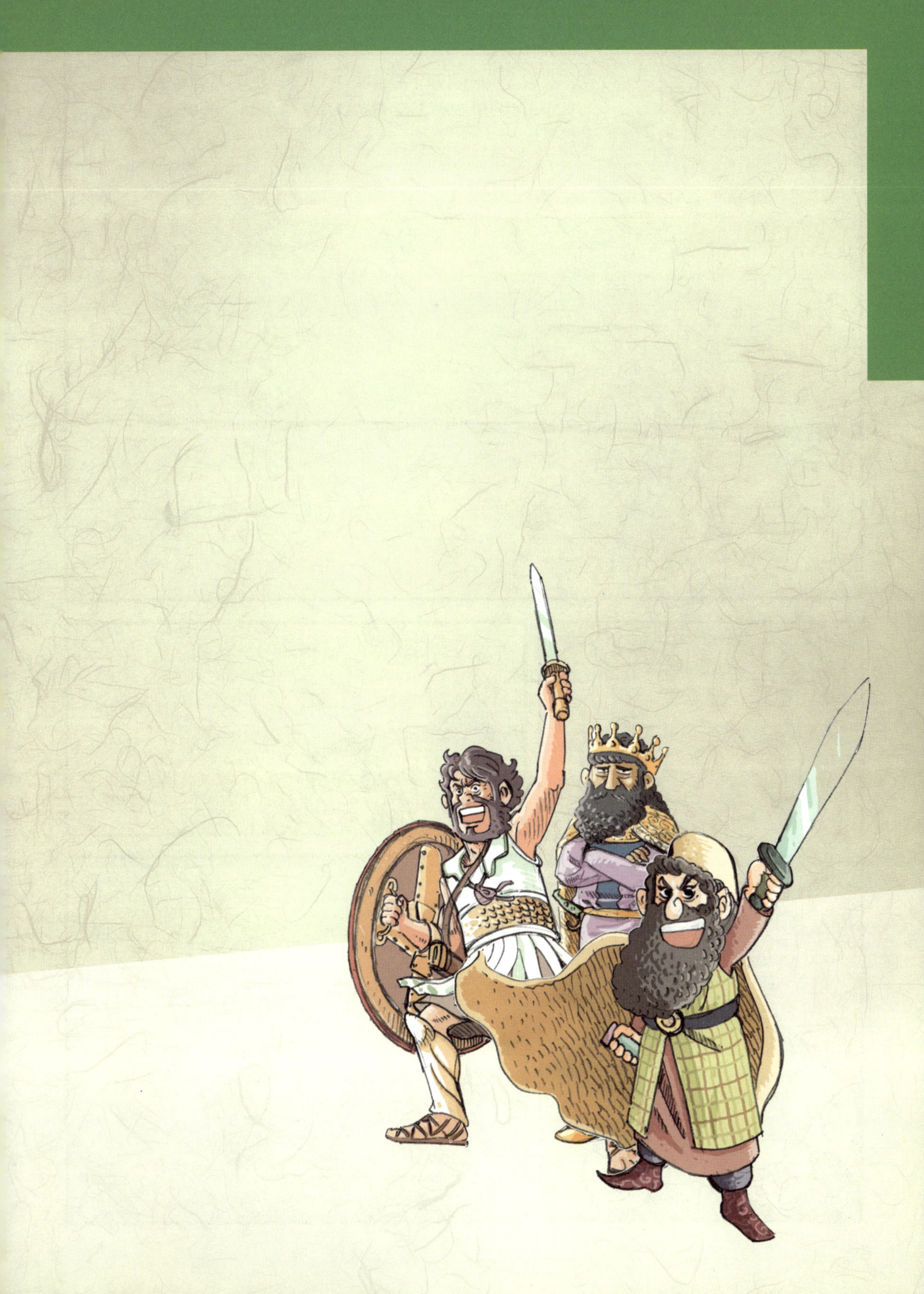

절대 강국 아시리아가 멸망한 이후, 오리엔트 지역에서는 서쪽의 카르타고와 함께 페르시아가 그 세력을 뻗어 가고 있었다.

Black Sea 흑해
Caspian Sea 카스피 해
LYDIA 리디아
ARMENIA 아르메니아
ASSYRIA 아시리아
BABYLONIA 바빌로니아
EGYPT 이집트
PERSIA 페르시아
INDIA 인디아

그가 왕위에 오른 B.C. 559년을 제국의 기원으로 삼는데, 그의 업적을 살펴보면, B.C. 550년 메디아의 수도 엑바타나 점령,

B.C. 547년, 리디아 격파, 수도 사르디스 함락.

소아시아 연안의 그리스계 식민 도시 복속시킴.

B.C. 539년, 바빌론 점령.
경
역사상최대영토획득!!
축

그리고 중앙아시아 정벌까지, 그야말로 위대한 정복자였다.
키루스 대왕의 업적.
위대한 정복자?
그게 전부는 아니지.

키루스 대왕님은 용맹은 기본,
관대하고 아량이 넘치시죠.
바빌론에 잡혀 있던 우리 유대인들도 해방시켜 주셨다니까요.

마침내 다리우스 대왕은 에게 해로 눈길을 돌리고,
스키타이와 한판 붙어 아시아 · 유럽의 길목을 차지한다.

가는 거야!

저~기 시칠리아까지 가는 거야!

허걱!

깜짝이야!

우리들의 교역권을 빼앗긴 거야?
뭐…
뭐야?!
이오니아·흑해 지역의 그리스계 도시들

당연하지!
이제부터 이곳의 통치는 다리우스 대왕님께 위임을 받은 이 사트라프(총독)님이 하시겠다!
뜨아!

이대로 복속될 순 없잖아!
말도 안 돼!

도와줄게!
우리가 먼저 공격을 하자!
아테네~

이오니아 연합군은 페르시아의 주요 거점인
리디아의 수도 사르디스를 기습했다.
수도는 불타고 성전도 철저히 파괴되었다.
다리우스 대왕이 두고 볼 리 없었다.
페르시아의 압박이 시작되었고, 항구는 봉쇄됐다.
최초의 동서양 전쟁, 페르시아 전쟁의 서막이 오른 것이다.

질풍 같은 돌진과 연속 공격, 화려한 발차기,

그의 적수로 거론되는 이는 세상
어디에도 없었다.

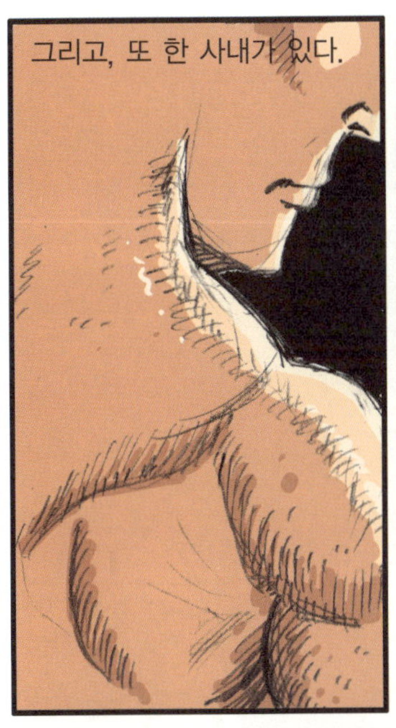

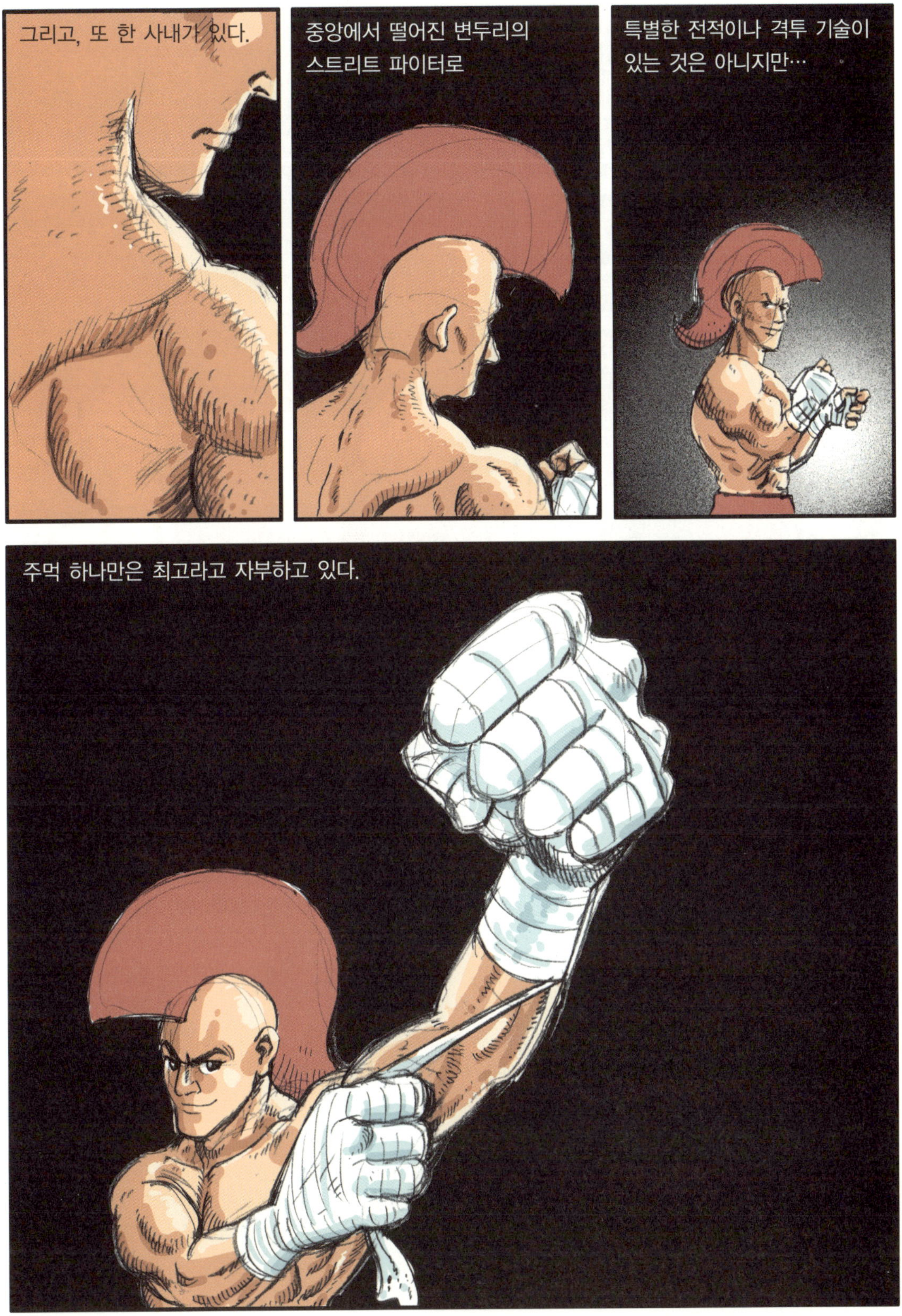

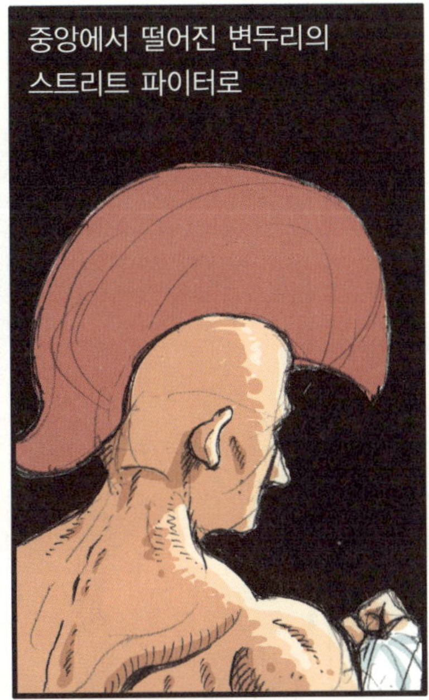

주먹 하나만은 최고라고 자부하고 있다.

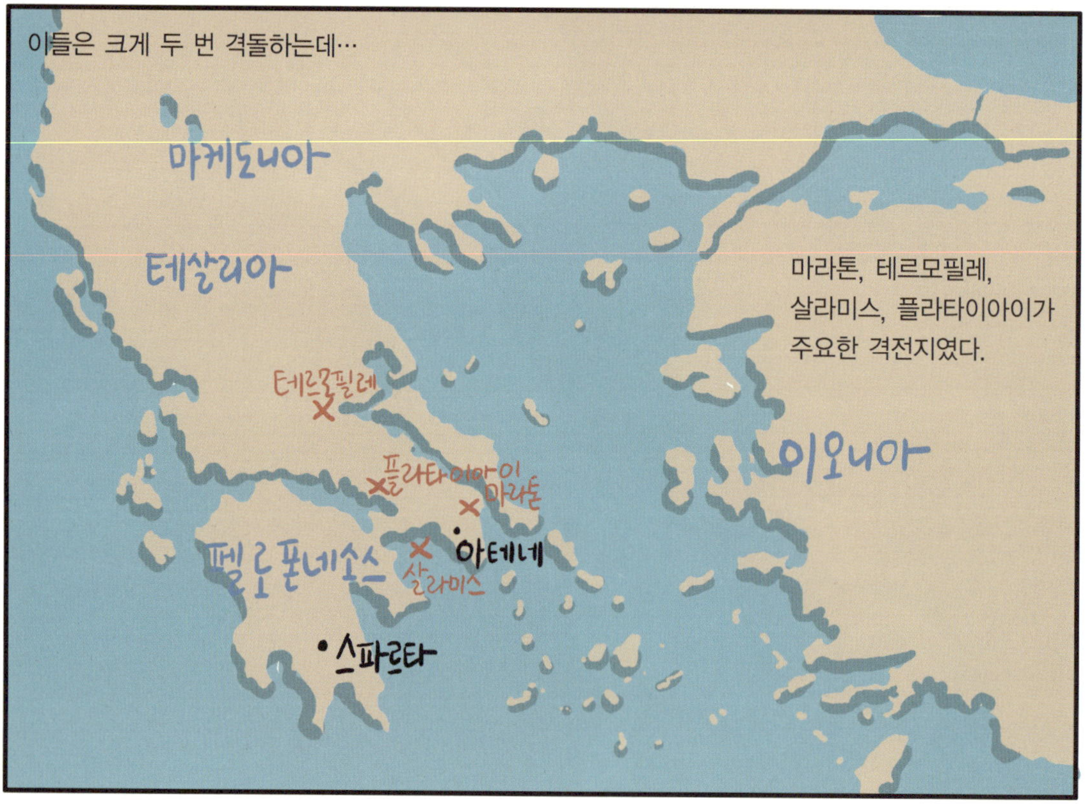

이들은 크게 두 번 격돌하는데…

마케도니아

테살리아

테르모필레

플라타이아이

마라톤

아테네

펠로폰네소스

살라미스

스파르타

이오니아

마라톤, 테르모필레,
살라미스, 플라타이아이가
주요한 격전지였다.

단일 전투에서 페르시아는 최대 13만 명의 보병과 2만 명의 기병을 동원했고, 해전에서는 470여 척의 함대를 동원하기도 했다.

와! 엄청난데. 저게 말로만 듣던 10만 대군이야?

저건 페르시아의 선봉 부대로 1만 명 정도야.

본대는 저것보다 10배는 더 많을걸.

진군을 위해 3년여에 걸쳐 산맥을 뚫고 운하를 팠다. 헬레스폰트 해협의 바다 위로 다리를 건설하기도 했다.

확실한 것은 이 전쟁이 엄청난 규모의 대전쟁이었다는 것이다.

B.C. 492년, 다리우스 대왕의 명령을 받은 페르시아의 함대가 그리스를 공격하러 갔다…
다 죽었어!

…가 도중에 태풍을 만나 함대가 박살나 버린다.
우리 말고~

2년 뒤인 B.C. 490년, 페르시아는 다시 한번 그리스 공격에 나섰다.
보병 2만 명, 기병 5천 명, 200척의 전함이 동원되었다.

페르시아군은 아테네 인근의 육상 거점인 마라톤 만에 상륙한다.
몇 명이야? 한 5천 명 정도 왔어?
가서 봐.

그리스의 폴리스는 그 인구가 일반적으로 5천 명 정도였고, 최고의 폴리스인 아테네도 2만 5천~5만 명 정도였다.
와글
와글
와글

여기서 노예들을 빼고,
한판 붙어 보자구!

여자들을 빼고,
어?

어린이와 노인, 외국인과 환자를 빼면…
허걱!
싸울 수 있는 전사들은 많지 않았다.

전투가 가능한 모든 이들이 동원되었고…
그래 봤자 겨우 구천 명…
만 육천 명이나 더 적어.
게다가 죄다 장갑보병뿐, 궁수도없고 기병도 없고 전함도 없고….

플라타이아이에서 지원군 600명이 합세했다.
그래 봤자 겨우 구천 육백 명…
만 오천 사백 명이나 더 적어~
지원군도 죄다 장갑보병뿐, 궁수도 없고 기병도 없고 전함도 없고….

그나마 일당백의 전력을 가진 스파르타의 지원을 믿었는데…
페르시아 애들이 벌써 상륙했단 말이야~
제사가 있거든~ 보름달이 뜨면 갈게~
그러게 왜 잠자는 사자의 코털을 건드렸어?

아테네와 플라타이아이 연합군은 일단
스파르타의 지원군이 올 때까지
버티기로 했다.
높은 언덕에서
진을 펼치자구.
→집정관 밀티아데스

덤벼 봐.
못 덤비겠지~
메롱~
바보들….

음하하핫!

어…?
어라…?!

뭐야?
가 버리잖아?!
어이!
어디 가는
거야?
페르시아군은 기병 전부와 보병을 합쳐서
1만 명을 수비 병력이 거의 없는 아테네를
향해 보냈다.
남아 있는 병력은
그리스군이 아테네를
지키러 가는 것을
막고 있었고….

싸울 수 있는 사람 다 긁어서 한판 붙으려고 여기 왔는데….
배 타고 아테네로 뒤통수를 치러 가 버리다니….
게다가 만 오천 명이나 남아서 우릴 막고 있다구!
우리가 오천사백 명이나 적어!
우린 궁수도 없고 기병도 없고….

스파르타의 도착을 기다릴 수도 없고…

유리한 고지에서 지연전을 펼 수도 없다.

우리에게 남은 유일한 길은 눈앞의 적을 지체 없이 제압하고 바람처럼 아테네로 돌아가서 적의 타격 부대를 무찌르는 것이다!!
그리스군이 잡아야 할 기회는 기적 같은 행운이 따라야만 가능한 그야말로 실낱같은 것이었다.

응?
그리스
애들?

좀 우스꽝스러
운 애들이야.
단순무식한
것 같기도
하고….

우리 페르시아의
정예군에 비하면
비교도 안 돼.
약점이
너무 많은
애들이
걸랑~

그리스 진형은 한쪽
면에만 못이 잔뜩
박혀 있는 상자 같지.
엉금
엉금
느려 터진
데다가 전진
밖에 못 해.
병력도
적고….

꽥!
못이 없는 쪽을
때리거나 멀리서
활을 쏘기만 해도
간단히 물리칠 수
있지.

그러한 점을 그리스군도,
집정관 밀티아데스도 잘 알고
있었다.

그리스군은 중앙은 느리게, 양 날개는 빠른 걸음으로 1.6킬로미터를 전진해 갔고…

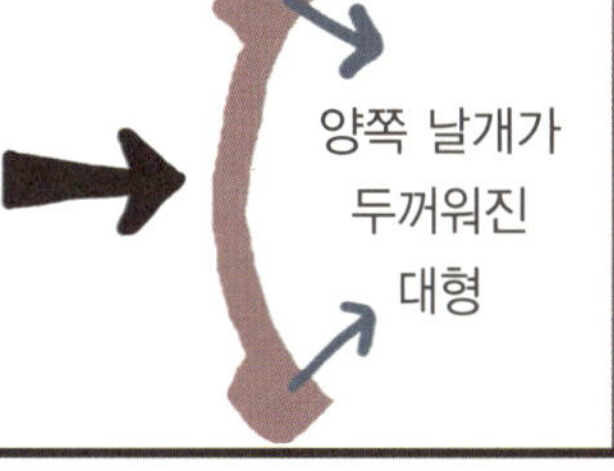

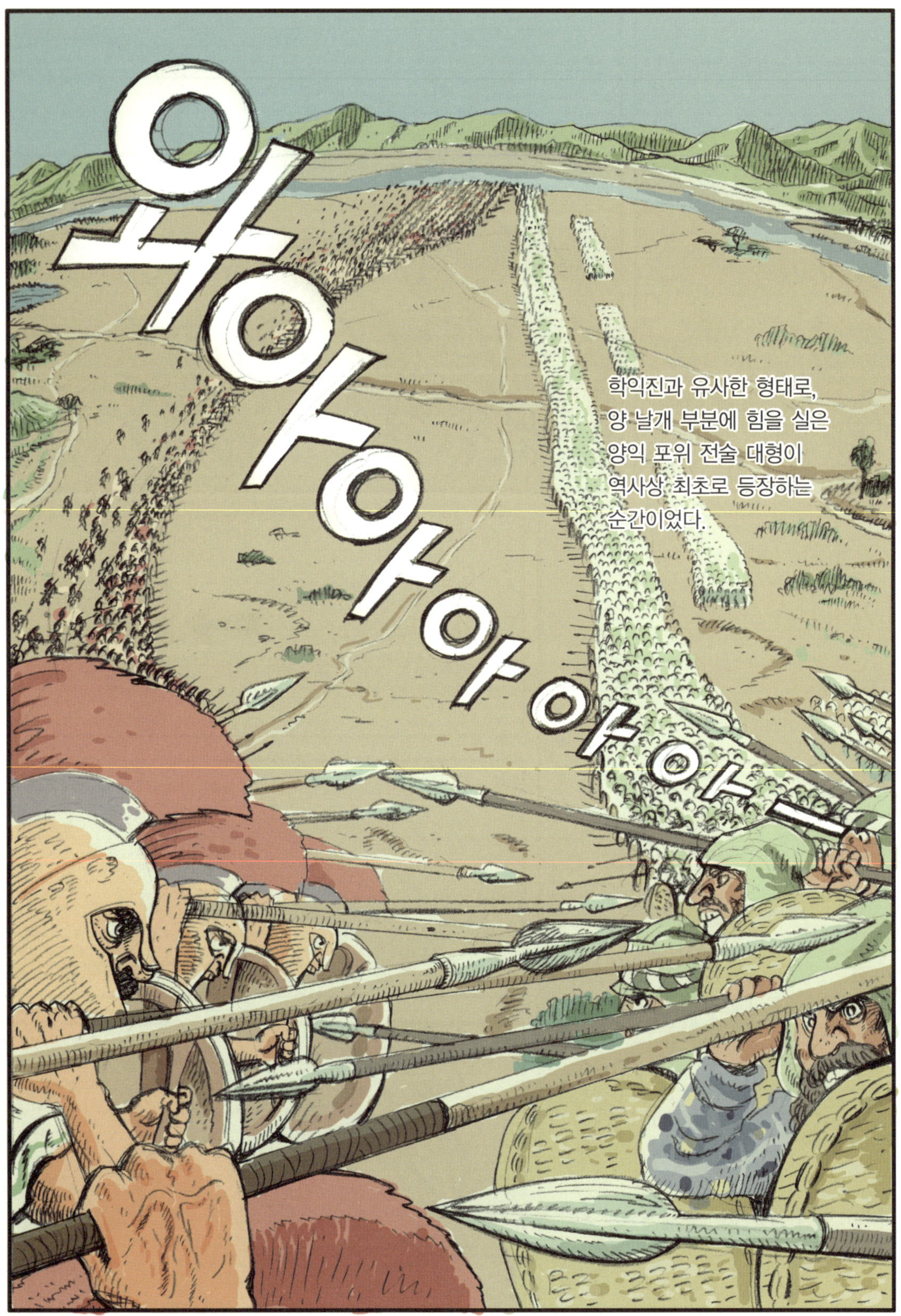
와아아아아아아아―
학익진과 유사한 형태로,
양 날개 부분에 힘을 실은
양익 포위 전술 대형이
역사상 최초로 등장하는
순간이었다.

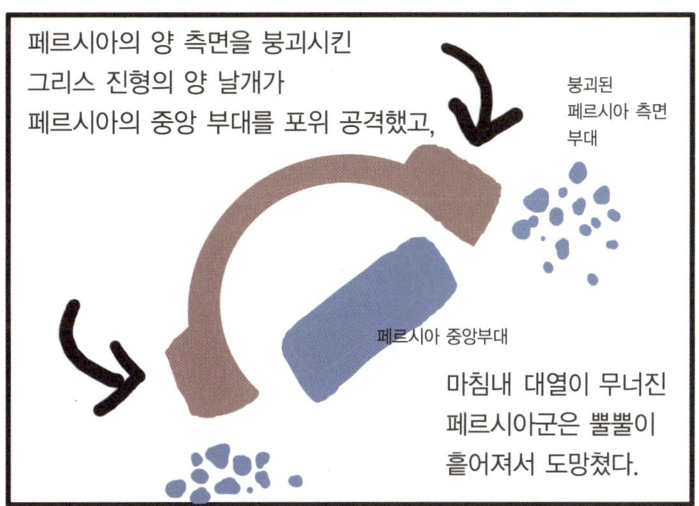

마라톤의 전투에서 아테네군은 192명, 페르시아군은 6,400명이 전사했다.
단 15분이 걸린 이 전투는 그리스군의 속도, 규율, 무장, 혁명적인 전술 대형이 어우러져 이룩한 승리였다. 승리한 그리스군은 32킬로그램의 갑주를 착용한 채로 33킬로미터 이상을 걸어서 아테네에 도착했고, 수비 병력이 아테네에 먼저 도착한 것을 확인한 페르시아의 타격 부대는 상륙을 포기하고 돌아가 버렸다.
대제국 페르시아의 굴욕적 패배이자, 그리스의 빛나는 승리였다.

4

강한 군대의 대명사, 스파르타

펠로폰네소스 반도 남부에 있던 고대 그리스의 폴리스 중 하나다.
심각한 계급 간의 갈등이 있었지만, 리쿠르고스의 개혁 이후 전체주의적 병영 국가로 재탄생했다.
민주정과 과두정이 뒤섞인 독특한 정치 형태를 취했고, 강력한 군사 행정을 펼쳐
'스파르타식' 이란 말을 낳았다. 펠로폰네소스 전쟁에서 아테네를 무찌르고 패권을 잡았다.

수많은 전쟁 영화에서 흔히
나오는 장면이 있다.

전투를 하는 쌍방 간에 대형을 이뤄 전진하다가…

기가 막히게 골고루 뒤섞여 난전을 벌이게 된다.

마치 서로서로 싸울 상대를
사전에 정해 놓은 것 같다.

실제 역사 속의 전투도 이와
같은 모습이었을까?
이렇게 싸운 거 아냐?
응?

특히 전차나 궁수부대 등 다른 병과가 거의 없는, 단순하기 그지없는 전술의 그리스에게는 중장보병의 대열 유지가 승리를 위한 요건의 전부라고 할 수 있을 정도였다.

우린 남들 같은 힘도 배경도 없고,

대열 유지에 올인했걸랑~

오직 이거 한 방!

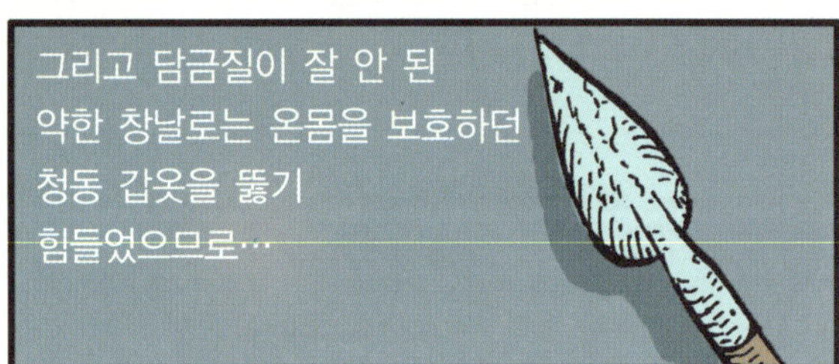

서로 어깨를 걷고 상대 진영을 밀어붙이는 형태로 전투가 진행되었다.

영치기

영차ㅡ

이건 너무 폼이 안 나잖아?!

폼도 안 나고 너무너무 힘들어!

영차

그냥 영화처럼 싸우면 안 될까?

영차ㅡ

접근전에 강한 중장보병, 그리스는 이 단 하나의 장점을 극대화시켜 마라톤의 전투에서 승리할 수 있었던 것이다.

흠~ 거기에다 나의 뛰어난 작전이 더해져 이길 수 있었지.

페르시아는 중앙군이 강력한 걸 간파해서 상대적으로 약한 양 날개부터 차례로 격퇴시켰지.

적의 우회 공격을 사전에 막기 위해 강과 바다를 옆으로 끼고…

선택과 집중! 뛰어난 리더십과 음, 또…

또 쳐들어 와요!

페르시아의 1차 공격이 실패하고 난 후, 다리우스 대왕의 뒤를 이은 크세르크세스 대왕이 그리스에 대한 또 한 번의 정벌을 계획한다.

헬레스폰트 해협
PERSIAN EMPIRE
Greece
크세르크세스는 헬레스폰트 해협을 건너 그리스를 침공하기로 했는데…

그곳은 폭이 1,200미터나 되는 넓은 해협이었다.
배로 일일이 실어 나르기엔 너무 오래 걸려.

그래서 대군이 바다를 건너게 하기 위해 부교를 건설했다…
다 죽었어!

…가 폭풍우를 만나 몽땅 무너져 버렸다.
홀라당—
우리 말고~!!
또야-

화가 난 크세르크세스 대왕,
이런 싹수 없는!
감히 말이야.
벌을 내려야 겠다.
채찍 300대를 때려라!!
혹독한 벌을 내렸는데…

으쌰쌰-

철썩-
매우 쳐라!
그 대상이 바로 다리 건설 책임자가 아닌 폭풍우가 쳤던 바다였다.

부교는 다시 건설되었고, 엄청난 대군이 그리스를 향해 진군했다.
이야~ 장관이군.
이 장면을 기록할 때 멋지게 각색할 수 없을까?
예를 들면 거북이들이 대왕님을 위해 수면에 떠올라 다리가 되었다는 식으로….

역사상 유례가 없을 정도의 대군인지라 진군 속도도 느렸고, 그리스인들은 충분히 방어 태세를 갖출 수 있었다.
충분? 뭐가 충분해?
지금부터 각자 집에 가서 자식을 다섯 쌍둥이를 낳고, 걔들이 자라서 모두 다 출전한대도,
저 대군을 못 막을 것 같구먼.
123971…
123972…
123973…

게다가 10년 전 마라톤 전투에서 우리 그리스에 역전 만루 홈런 승을 안긴 밀티아데스는 권한 남용으로 감옥에 갇혀 있다가 죽어 버렸다구!
123974…
123975…
123976…
민족의 영웅에서…
몇 달 만에 이 꼴이 되다니….

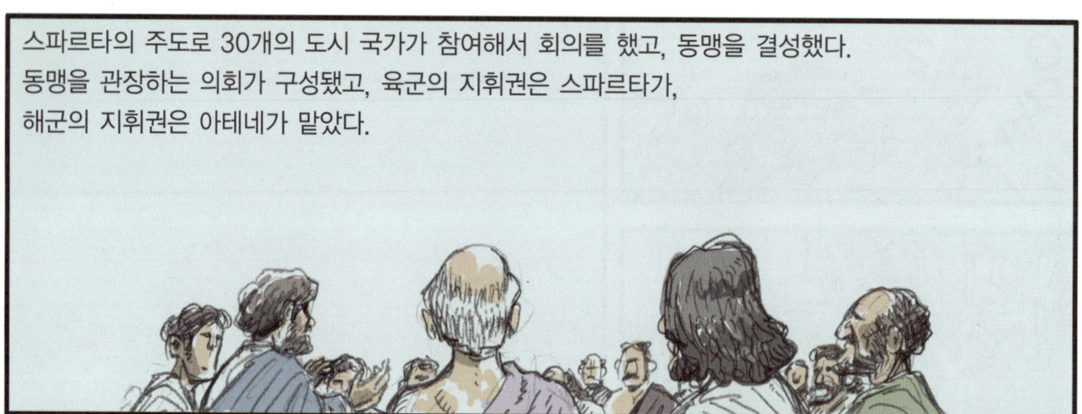
스파르타의 주도로 30개의 도시 국가가 참여해서 회의를 했고, 동맹을 결성했다.
동맹을 관장하는 의회가 구성됐고, 육군의 지휘권은 스파르타가,
해군의 지휘권은 아테네가 맡았다.

그리스 동맹은 7,000명의 중장보병과
전함 271척을 배치했다.

걸출한 영웅 테미스토클레스가 지휘하는
해군은 아르테미시움에서 페르시아군을
저지하기로 했다.
아르테미시움
Greece
아테네
스파르타

육군을 지휘하는
스파르타의
레오니다스 왕은…
상속할 자식이 있는
스파르타인만
나를 따르라.

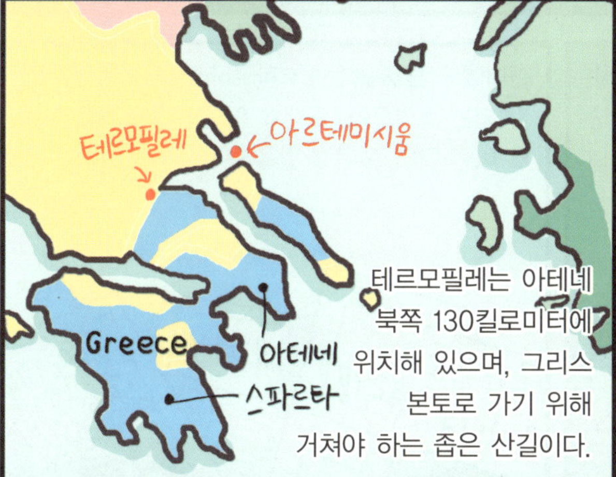

테르모필레는 아테네 북쪽 130킬로미터에 위치해 있으며, 그리스 본토로 가기 위해 거쳐야 하는 좁은 산길이다.

바다에서는 폭풍우를 만나 혼란스러운 페르시아를 상대로 그리스 해군이 분전하고 있었다.

마침내 크세르크세스가 친히 이끄는 보병 130,000명, 기병 20,000명의 페르시아 육군이 모습을 드러냈고, 머리를 빗거나 기름을 바르거나 운동을 하던 스파르타 병사들도 전투 준비를 하기 시작했다.

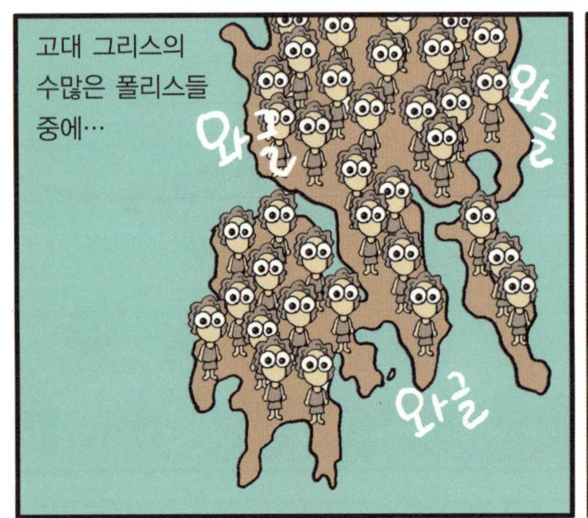

현대에도 흔히 쓰는 '스파르타식'이란 말의 유래가 되는 스파르타. 도대체 어느 정도였기에 아직도 이런 말이 쓰이고 있을까?

무리 중 한 아이를 지도자로 만들었고,
강한 놈을 지도자로 만들어야 해.
그러기 위해선 싸움을 붙여 봐야지!

잠자리는 풀을 뜯어 모아서 만들었다. 가시풀을 잠자리에 같이 넣었는데, 가시에 찔려 따끔거리면 추위를 잊을 수 있다는 이론이었다.
그 이론을 만든 사람 얼굴을 꼭 한번 보고 싶어요.

12살이 되면 망토를 걸칠 수 있었지만, 상의는 입을 수 없었다.
그래도 이게 어디야?
11살

음식을 제대로 먹이지 않고 도둑질을 장려했는데,
이 녀석이~
퍽
퍽
퍽
매를 맞는 이유는 도둑질 때문이 아니라 멍청하게 들켰기 때문이었다.

이런!
죽어버렸네!
말을 하지!
스파르타인은 매를 맞으면 강해진다고 믿었기에 신전에서 죽기 직전까지 매를 맞는 놀이(?)도 했다.

7살 때부터 고된 훈련을
받으며 60세까지 복무했고,
아, 지겹다.
2년이 언제 가나!
우린
10년
이라우.
풋!
53년~

끊임없이 단련을 했으니, 그 전투력은
가히 천하무적이었다.

여자들도 체력 단련을
비롯한 훈련을 받았고,
그럼 농사를
짓는 등의
생산 활동은
도대체 누가
할까요?

그 외의 생산 활동은 모두 국가
노예인 '헬롯'들이 담당했다.
우리도 한때 어엿한
이웃 폴리스의
시민이었다우.
스파르타가
마구잡이로
정복해
버렸지.

헬롯들은 스파르타 시민의
몇 배나 되었는데…
저것들이
숫자로 밀어붙이면
곤란한데….
와글
와글

스파르타는 현재
헬롯들과의
내전 상태에 있다!!
취임하는
장관마다
이런 말을
하며 경각
심을 고취
시켰다.

길을 가거나 농사를 짓고 있는 헬롯들을 이유 없이
죽이는 일이 다반사였다.
크헉!
…왜??…
그냥~♪

헬롯들은 가장 비참한 노예였으니,
이 분노,
원한!
스파르타
놈들을
산 채로
뜯어 먹고
싶다!

여자라고
얕보지
말라구!
반란이 빈번했고, 남자들이 전쟁터에 갔을 때는 여자들이 진압을 하기도 했다.

자신들의 편리를 위해 많은 노예를 만들고,
그 노예가 무서워 병영 안에서 생활을 하고,
폭동을 막기 위해 전전긍긍하며
엽기적인 삶을 살아야 했던 스파르타…
그리스에서
가장 강하고!
노예도
엄청 많고!
힘든 노동은
하나도
안 하는데…
왜
사는 게
이따위지?

결과적으로 그리스 최강의 전투력을
갖추었고,
정복,
아니면
죽음!
오직 전진!
후퇴도 없고
항복도 없다!

페르시아의 대군에
맞선 그리스가
실낱같은 희망이라도
품을 수 있게 하는
단 한 장의 카드였다.

스파르타인은 적이 몇 명이냐고 묻지 않는다.
적이 어디 있느냐고 물을 뿐이다.
- 아기스 2세

화력의 차이도 너무 컸으니,
의지가 꺾일 만도 한데…
페르시아군의 화살이 하늘의 해를 가릴 정도랍니다.
오호라~ 잘된 일이군!
그럼 그늘에서 싸울 수 있잖아!
스파르타의 장군 디오니케스

페르시아의 끊임없는 공격에도
공격!
또 공격!
또또 공격!
또또또 공격!

그리스는 꿈쩍 않고 버텼다.

그렇게 이틀이 지났다.

과연 그리스의 7천 결사대는 며칠을 더 버틸 수 있을까?

페르시아는 얼마나 더 공격할 수 있을까?

아쉽게도 그 결과는
알 수가 없다. 그리스인
배신자가 크세르크세스에게
비밀스러운 샛길을 가르쳐 줬기
때문이다.

우회로를 거친 만 명의 페르시아 별동대가
그리스군을 덮쳐 오기 시작했다.
더 이상 방어가
불가능합니다!
지금이라면
빠져나갈 수
있어요!

스파르타의 레오니다스 왕은
동맹군을 퇴각시켰다.
스파르타는?
그리스에 더 많은
시간이 필요
하오. 최대한
시간을 끌겠소.

그리고 테스피아군 700명과 함께 스파르타군 전원,
그리고 배신의 조짐이 있는 테베군이 남았다.

테베군은 즉시 항복했다.

남은 병력은
1,000명….

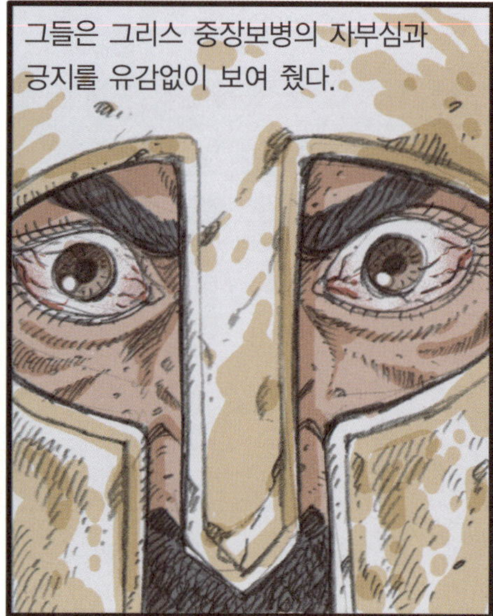
그들은 그리스 중장보병의 자부심과
긍지를 유감없이 보여 줬다.

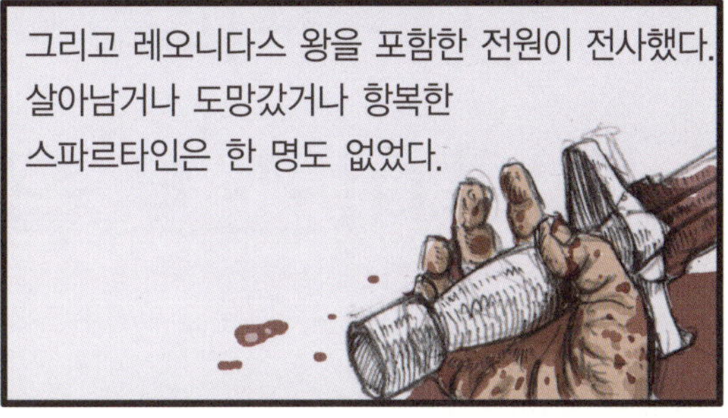

스파르타 전사들의 장렬한 죽음은 그리스인들의 가슴에 뜨거운 불덩이를 심어 줬다.
지금도 테르모필레의 고갯길에는 스파르타의 용사들을 기리는,
다음과 같은 비문이 새겨진 비석이 있다.

"이곳을 지나는 자여,
가서 스파르타 사람들
에게 말하라. 우리는
스파르타의 군법에
복종하여 여기 누워
있노라고…."

5

살라미스 해전의 영웅, 테미스토클레스

기원전 480년, 아테네 함대를 주력으로 한 그리스 연합군이 살라미스 해협에서 페르시아군을 무찔렀다. 당시 아테네를 이끌던 장군 테미스토클레스는 페르시아 함대를 좁은 해협으로 유인하여 크세르크세스 대왕의 거대 함대를 격파하는 데 공을 세웠다.

***도편 추방제** 아테네에서 비밀 투표를 통해 위험 인물을 국외로 추방하던 제도.

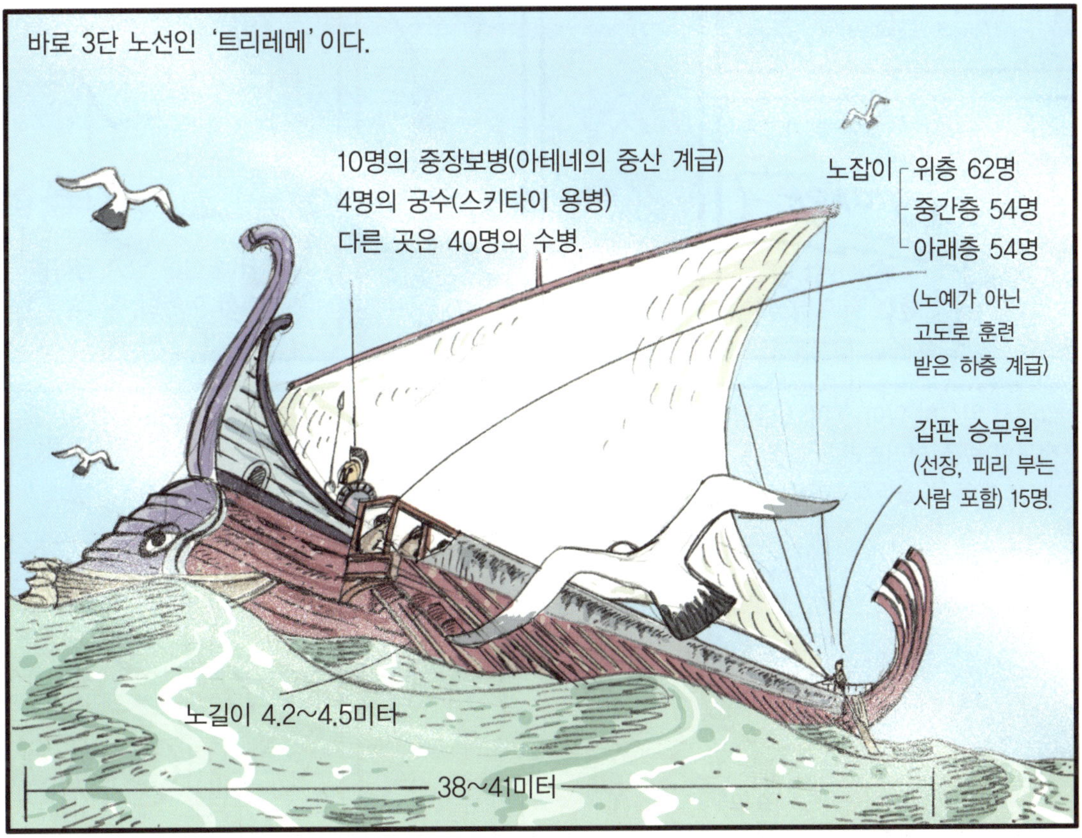

바로 3단 노선인 '트리레메'이다.

10명의 중장보병(아테네의 중산 계급)
4명의 궁수(스키타이 용병)
다른 곳은 40명의 수병.

노잡이
- 위층 62명
- 중간층 54명
- 아래층 54명

(노예가 아닌 고도로 훈련 받은 하층 계급)

갑판 승무원 (선장, 피리 부는 사람 포함) 15명.

노길이 4.2~4.5미터

38~41미터

이 시기의 배들은 너무나 가볍고 불안정했기에 먼바다로 나가는 건 엄두를 못 냈고,
또야~
거 봐.

해안선을 따라 항해하다가, 밤에는 항구에 정박해야만 했다.
빨리 저어!
더 빨리!
다음항구 100Km

배가 가볍고 불안정한 점은 전투에서도 크게 작용했는데…
와 와 와

만약 용감한 수병들이 한꺼번에 일어서서 창을 던진다면,
이야압-
턱

어어어어~

홀라당~
악!
배가 중심을 잃고 전복할 염려가 있었다.

그래서 얌전히 앉아 창이나 돌멩이를 던지거나, 상대편 배에 뛰어올라 육탄전을 벌이거나, 적군의 노를 부러뜨리고 돌출된 뱃머리로 적의 측면을 들이받는 작전을 주로 썼다.
얍!
자 덤벼라!
꽥-
콰직!

어쨌든 선견지명으로
당대 최신식 '트리레메'를
무려 200척이나 건조했지만,
200척…
어마어마 하게 많구나!
게다가 동맹군을 합치면 271척!

아르테미시움에 등장한 페르시아의 전함은 무려 1,200척!
바글 바글
바글
허거덩!

너무너무 숫자가 많아서 폭풍우 때
항구가 꽉 차서 정박하지 못하고
난파된 배만 200척….
우리 함대 전체 숫자와 맞먹는데요.
그래도 아직 엄청 많이 남았어.

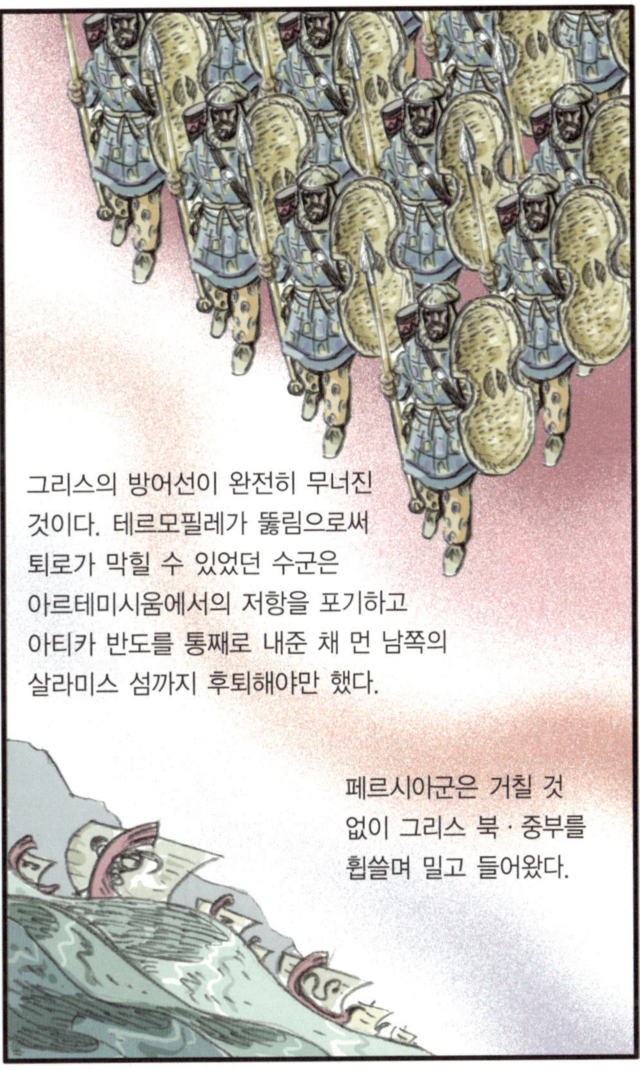
그리스의 방어선이 완전히 무너진
것이다. 테르모필레가 뚫림으로써
퇴로가 막힐 수 있었던 수군은
아르테미시움에서의 저항을 포기하고
아티카 반도를 통째로 내준 채 먼 남쪽의
살라미스 섬까지 후퇴해야만 했다.
페르시아군은 거칠 것
없이 그리스 북 · 중부를
휩쓸며 밀고 들어왔다.

그 수에 눌려 고전하던 그리스에
엎친 데 덮친 소식이 들려왔으니…
테르모필레가 뚫렸대요~
스파르타는 전멸했고!

여러분이 B.C. 480년의
테미스토클레스라고
생각해 보자.
끄응!

페르시아의 첫 공격을
격퇴한 후…
이제
평화다!
아냐,
이번 전투는
예고편에
불과해!

아니나 다를까,
열 받은 페르시아가 운하를 파고,
바다에 다리를 놓고 하더니 10년 만에
몇십 배의 대군으로 쳐들어
오는 것이 아닌가?!
와르
와르
우르
우르
오징어~
땅콩~
바글
바글
바글

이번에는
무림의 절정 고수들인
스파르타도 합세한 터라
천혜의 요새에서 버텨
보려 했는데…
화르르~

페르시아의 머릿수가
보통 많아야 말이지.
적들을 다 쓰러뜨리기
전에 창날이 다 닳을 것
같은데요.

결국 육지가 뚫리고,
포위당할 것을 염려해서
바다의 저지선도 후퇴하고,
테르모필레
아르테미시움

페르시아의 대군은 물밀듯이
내려오는데 막을 길이 없으니…
쏴아아아
항복~
꽥~

우리
힘으론
못 막아!
어떡
하지?
신탁을
받아 보자!

신탁을 받긴 했는데…
나무로 된
성 뒤에 숨으면
이길 수 있을걸?
중얼
중얼
뭔 소리여?
무슨 뜻인지 아리송하기만 하고,

맞아, 신탁의 뜻은
아테네 둘레의 가시덤불
뒤에 있으면 승리한다는
뜻일 거야!
아하!
이런 바보 같은
주장을 하는
얼간이들도
나오고…

아냐,
그 뜻은
나무로 건조한
배를 타고
해전을 하면
승리하리란
말이야!
아냐!
가시
덤불
이야!

겨우 수습해서 얼간이들을 뺀 아테네의 주민 모두를
데리고 남쪽 살라미스 섬으로 도망치긴 했는데…

덤불 뒤에 남은 얼간이들이 전멸하고, 아테네가 처참히 유린됐다는 소식에 시민들은 비통에 잠겼고 사기는 떨어졌다.
신전은 파괴되고 도시는 불타고 신상은 약탈 당하는 등….

살라미스의 좁은 목에서 페르시아를 맞아 싸워야 그나마 눈곱 만큼의 가능성이 있는데…
살라미스에서는 포위당해 전멸할 수가 있어.
코린트로 가자구. 거기는 육지로 도망칠 수도 있잖아.

안 돼.
적은 수가 많고, 넓은 곳에서 싸운다는 것은…
뭘 안다고!
떽!
자신의 주장은 씨도 안 먹히고…

자, 과연… 어떻게 할 것인가?!

페르시아군은 엄청나게 많고,
저지선은 무너졌고,
국토는 거의
점령당했고…

아테네는
잿더미가 됐고,
피난민들은
크게 동요하고
다른 폴리스의
지도자들은
마지막 보루를
버리고 사지로
가자고 하고…

내 말은
아무도
안 듣고
시간은
없고….

……

도대체
유리한 점은
단 한 가지도
없군!

좋아,
그렇다면…
딸칵-

다른 이들을
설득하고!
시민들의
사기를
올리고!
또한 여기
살라미스를
전장으로
만들고!
더불어
페르시아를
끌어들이고!
덤으로
압승을
거둬서!
잃은
땅을
되찾아
야겠군!
단
한 큐에!
불끈!

B.C. 480년, 테르모필레와 아르테미시움의 1차 저지선이 뚫리고
살라미스 해협으로 쫓겨 간 그리스군은 온갖 악재 속에서
사기가 꺾인 채 자기 땅만 지키기 위해 뿔뿔이 흩어질지도
모르는 상황이었다.

대부분이 코린트 지역으로 후퇴하자는
주장을 펴는 가운데, 격렬한 논의는
여러 차례나 계속되었고…

테미스토클레스는 모든 불리한 상황을 일거에
반전시킬 한 수를 두는데…

그건 바로 페르시아 진영으로
첩자를 보내는 것이었다.

첩자가 페르시아 진영에
퍼뜨린 정보는…
그리스 함대가
더 늦기 전에
살라미스에서
탈출하려고
합니다.

거짓이나
속임수가 아닌
사실
그대로였다.

어찌 보면 특별할 것도
없고 사실 그대로인
묘한 정보는 크세르크세스
에게 알려졌고,

오호!
그렇단
말이지?

전군
전투 태세!
해협으로부터
모든 출구를 봉쇄하라!!!
페르시아는 미끼를
물었다.

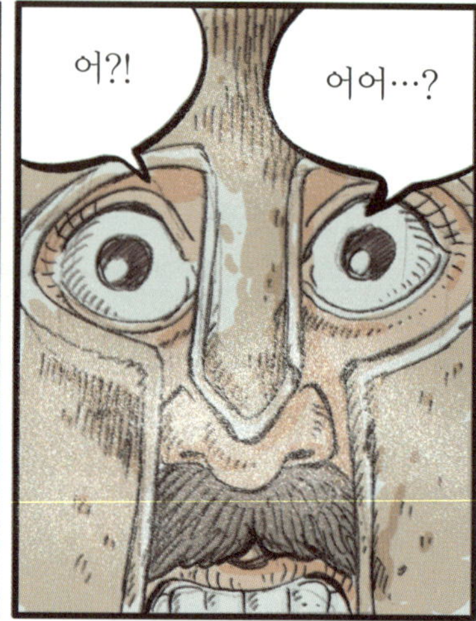

이, 이것 봐,

저, 저것들 좀 보라구!

벌떡

쏴아-

촤아아-

마지막 회의 중이던 그리스 진영에
급보가 날아들었다.

회의는 중단되고, 필연적으로
살라미스의 협수로를 전장으로
택할 수밖에 없었다.

비탄에 잠길 틈이
없었다.

도망칠 곳도 없었다.

망설일 새도 없었다.

B.C. 480년 9월 23일 새벽,
세계 4대 해전 중 하나로 꼽히는 살라미스 해전이
시작되었다.

'키클로스'는 방어 전술로, 수가 적거나 속도가 느리거나 수세에 몰린 측이 채택한 전술이다.

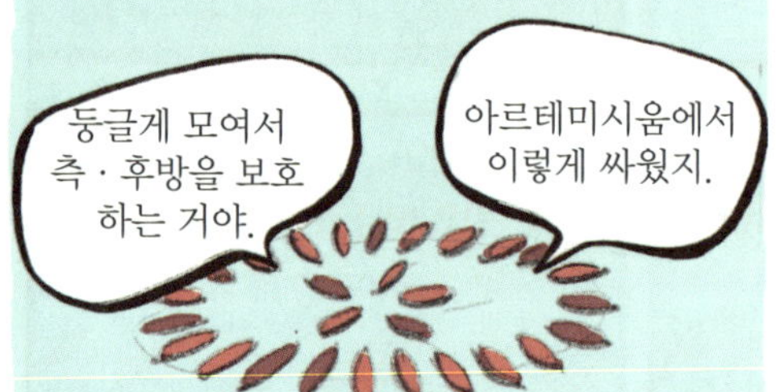

'페리플러스'는 많은 숫자를 감추고 적을 기만하여 측면을 포위하는 전술이다,

'디에크플러스'는 민첩성을 이용해서 적의 전선을 깨뜨리는 전술이다.

선봉의 배가 적의 노를 잘라내면,

뒤이은 배가 결정타를 가하는 방식이다. 다른 배들이 아군을 도와주려 한다면 3, 4번의 배들에게 약점을 노출하게 된다.

살라미스에서 그리스가 처음 쓴 전술은 유인 작전이었다.

그리스 배들이 북쪽으로 도망치는 척하자 크세르크세스 대왕은 추격 명령을 내렸다.

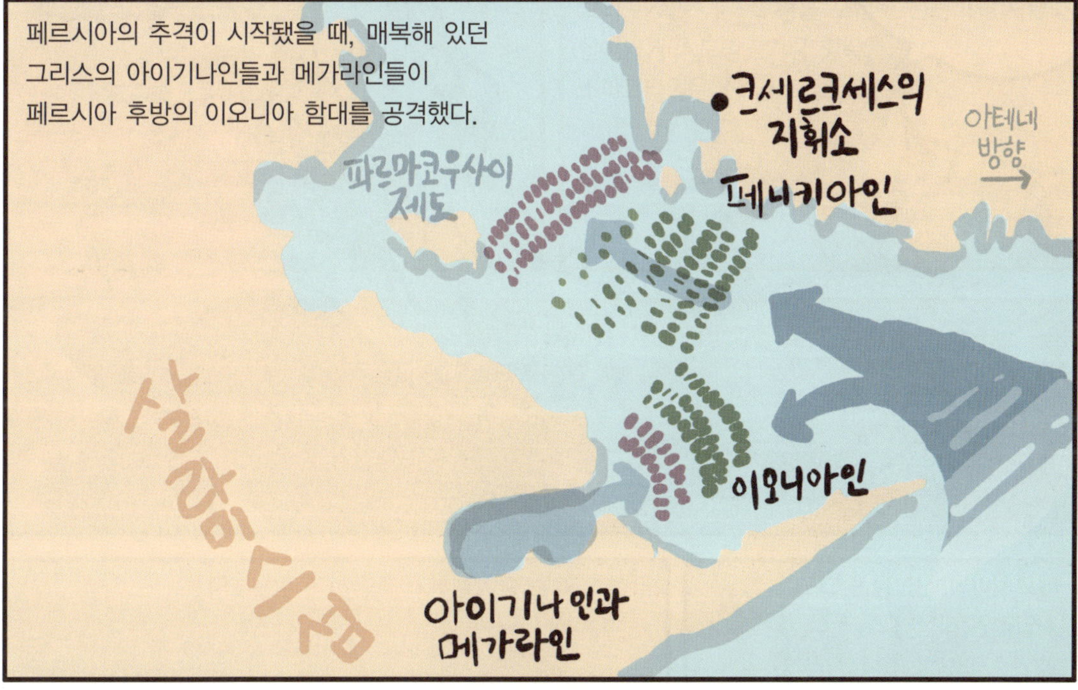
페르시아의 추격이 시작됐을 때, 매복해 있던 그리스의 아이기나인들과 메가라인들이 페르시아 후방의 이오니아 함대를 공격했다.
크세르크세스의 지휘소
아테네 방향
파르마코우사이 제도
페니키아인
살라미스 섬
이오니아인
아이기나인과 메가라인

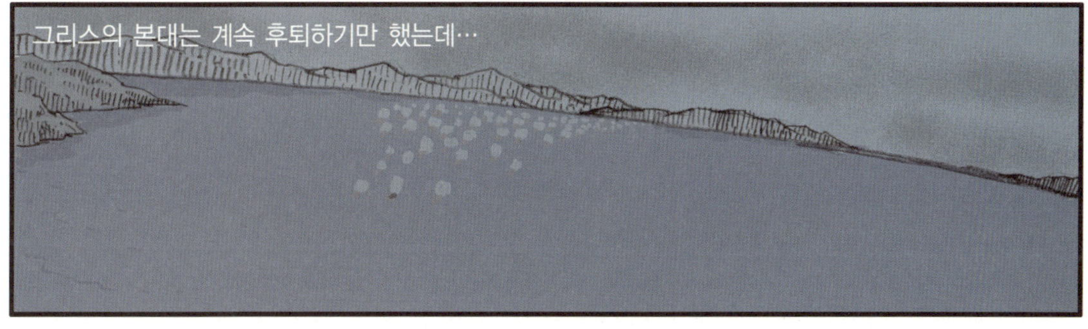
그리스의 본대는 계속 후퇴하기만 했는데…

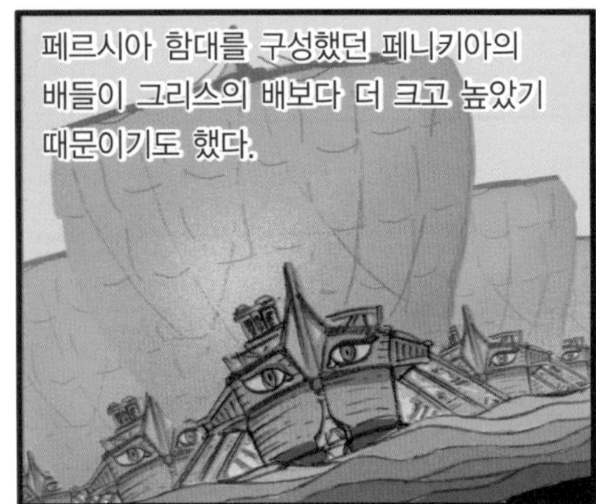
페르시아 함대를 구성했던 페니키아의 배들이 그리스의 배보다 더 크고 높았기 때문이기도 했다.

게다가 그 수도 압도적이라,
선불리 맞붙으면 위험합니다.
그럼 어떡하잔 말이오?

바람이 불 때를 기다려야 합니다!
휘이이이잉-
휘잉-
테미스토클레스는 페르시아군의 장점과 약점을 정확히 꿰뚫고 있었다.

페르시아의 전함들은 크고 위압적인 대신,

악천후 때는 불안정하고 조종하기 힘들었다.
휘이잉-
휘잉-
휘이잉-

폭이 채 1킬로미터도 안 되는 파르마코우사이 제도 사이에 수백 척의 전함들이 얽힌 채 대접전이 벌어졌다.

B.C. 480년, 페르시아의 세 번째 침공에 몰릴 대로 몰린
그리스군은 테미스토클레스의 계책에 의해 살라미스 섬에서
결전을 벌이게 된다.
그리스군은 페르시아군을 가장 좁은 목으로 유인했고,
한강 정도의 폭밖에 안 되는 파르마코우사이 제도 사이에
수백 척의 양측 전함이 뒤엉켜 일대 접전이 벌어졌다.
메가라
파르마코우사이 제도
살라미스 섬

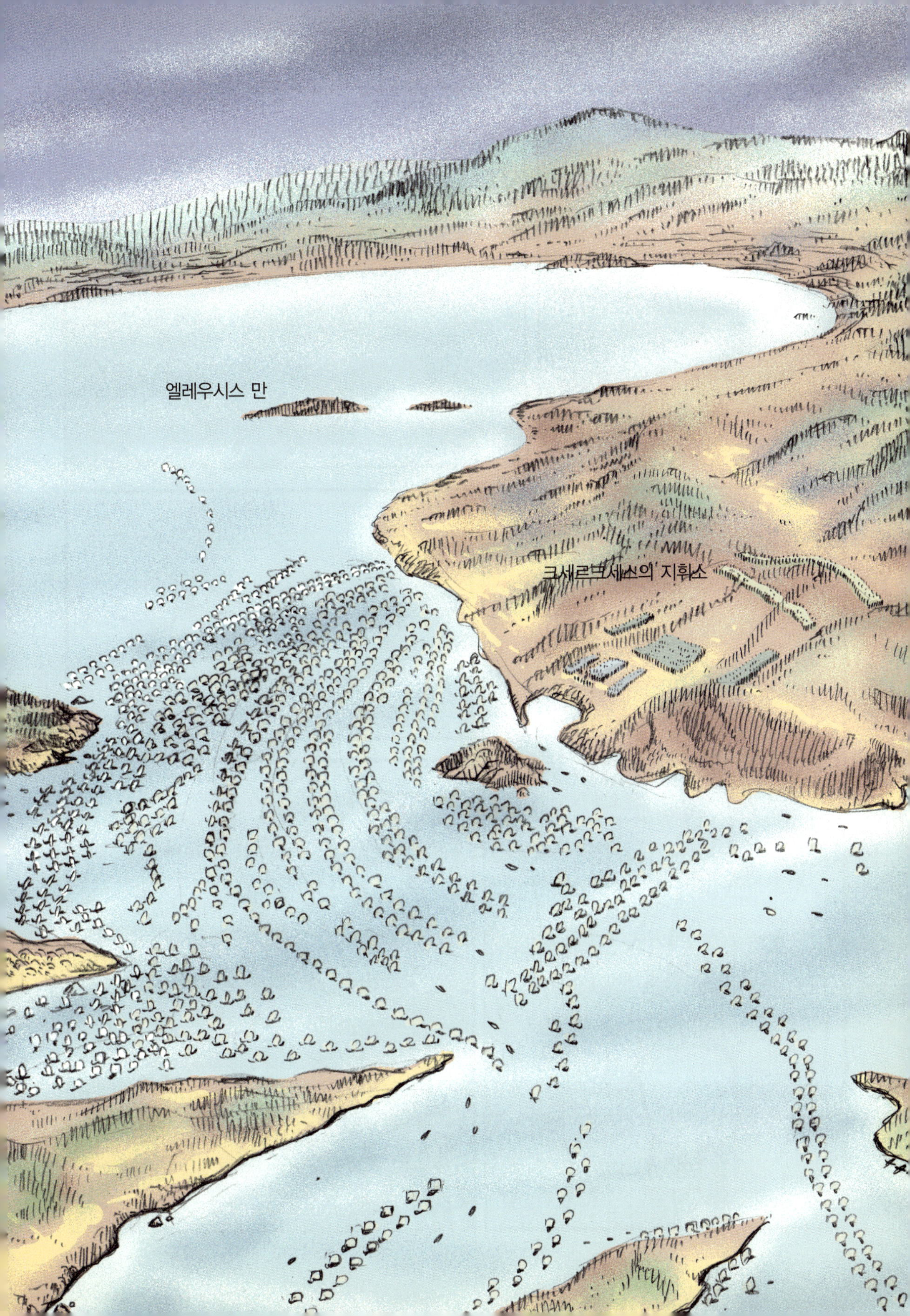
엘레우시스 만
크세르크세스의 지휘소

좁은 목인지라 페르시아군은
다수의 이점을 살리지 못했다.

페르시아 해군의 주력인 페니키아의
함대 사령관이 전투 초반에 죽었고…

지휘관을 잃은 페니키아 함대가 넓은 바다로
후퇴하려 했지만, 뒤쪽의 페르시아 함대가
끊임없이 밀어닥쳤다.
후퇴! 후퇴!
뭐야, 뭐?
조심해! 충돌하겠어!
앞에 무슨 일이야?
와, 공격!
앞으로!

아침이 되고, 바람이 거세지면서 혼란은
더 심해졌다.
어어어~…

쿵
으아~
무슨 짓이야?!
아이고 미안!
조종이 안 돼!

그리스 측은 40척의 3단 노선을, 페르시아는 그 다섯 배인 200척의 3단 노선을 잃었다. 페르시아의 참패였다. 퇴로가 걱정된 크세르크세스 대왕은 자신의 군대를 데리고 헬레스폰트 해협 너머로 가 버렸다. 그리스에는 일부의 육군만 남겨졌을 뿐, 대전쟁의 막이 서서히 내리고 있었다.

6

그리스의 쇠퇴, 펠로폰네소스 전쟁

기원전 431년부터 기원전 404년까지 약 27년간 아테네를 중심으로 한 델로스 동맹과, 스파르타를 중심으로 한 펠로폰네소스 동맹 간에 벌어진 내전이다. 결국 펠로폰네소스 동맹이 승리하였으나 그리스 세계의 쇠락을 가져왔다.

당대 세계 최고의 제국이었던 페르시아의 그리스에 대한 침공.
니들!
일루 와 봐.
허거덩.
그 누가 그리스의
승리를 점쳤겠냐
마는…

마라톤과 살라미스의 기적 같은 승리로
페르시아는 기세가 완전히 꺾여 버렸다.
마라톤
살라미스
세…
세다…

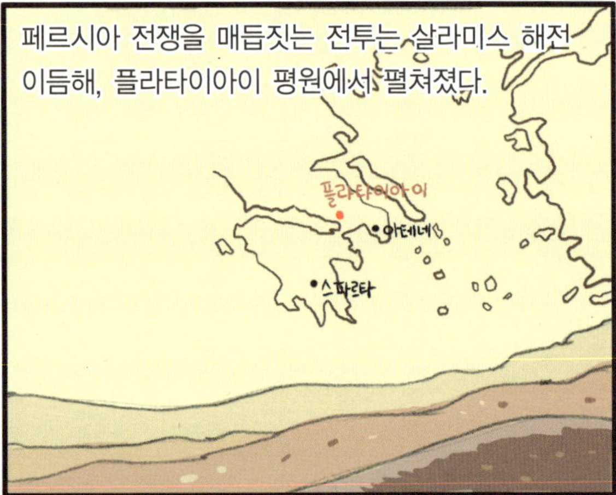
페르시아 전쟁을 매듭짓는 전투는 살라미스 해전
이듬해, 플라타이아이 평원에서 펼쳐졌다.
플라타이아이
아테네
스파르타

페르시아는 이번에는 장기인 기병을
제대로 활용했는데…

결국 똘똘 뭉친 그리스 중장보병을 이기지 못했다.
이번엔
우리 병력이
더 적어.
변명이
구차하다!

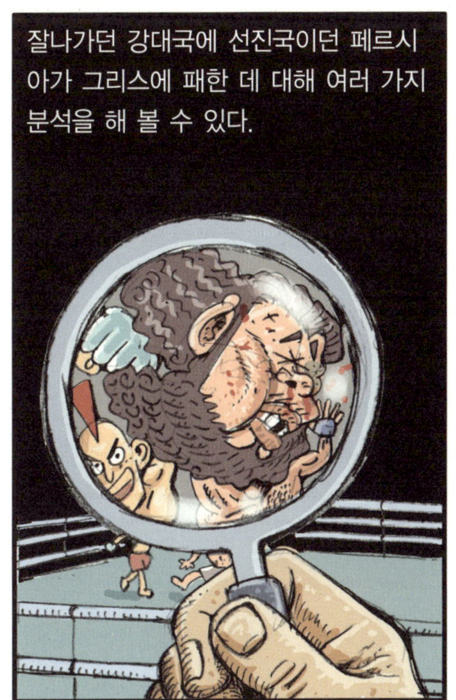
잘나가던 강대국에 선진국이던 페르시아가 그리스에 패한 데 대해 여러 가지 분석을 해 볼 수 있다.

페르시아는 자신들의 장점을 활용하지 못했고,
우린 병사도 많고 원거리 무기도 강하고 기병, 전차도 있으니까.
써먹지도 못하고 박살났지만.
흐흐~

그리스는 자신들의 유일한 장점을 극대화시켰다.
중장보병 밀집 대형!
오직 한 방!

게다가 그리스는 단순하기 그지없던 자신들의 고전적 전술을 탈피해 혁명적인 전술을 창조했다.
기동전과 양익 포위 전술 대형, 수륙 합동 작전, 기만, 정보전, 유인, 매복 등의 작전을 쓰자구!
그게 다 뭔데?
몰라, 방금 생각났어.
나 천재인가 봐!

지리적 이점을 십분 활용한 것도 승리의 중요한 요인이다.
테르모필레와 살라미스
대군에 맞서 좁은 목을 막고 싸움.
마라톤
적 기병을 저지하기 위해 강을 끼고 싸움.

또, 위대한 지도자들 덕분에 승리했다고 볼 수도 있다.
마라톤 전투의 밀티아데스
살라미스 해전의 테미스토클레스
테르모필레의 레오니다스
플라타이아이의 파우사니아스

아테네, 스파르타 등으로 분열되어 갈등을 빚던 폴리스들이 화해와 협력을 한 것도 중요한 요인이다.
니가 이뻐서 협력하는 게 아니라구!

때마침 불어 준 태풍이나, 페르시아의 자만심, 어리석은 작전도 한 원인일 것이다.
우리 말고!

다 맞는 말이고 전쟁의 승패에 결정적 역할을 한 이유들이긴 하다. 그렇지만 많은 이들은 보다 근본적인 원인이 있다고 본다.
그게 도대체 뭔데?
가르쳐 줘~ 이건 절대 질 수 없는 싸움이었다구!

그건 바로…
바로?

양측의 전쟁에 임하는 자세가 서로 달랐다는 데 있다.
전쟁에…
임하는 자세?
기마 자세 같은 건가?

…그러니까 페르시아군은 패배하고서도 승리했다고 거짓 보고를 하고, 먼저 도망가기 위해 아군을 공격하는 엽기적인 일도 벌인 것이다.

이… 이겼어요!

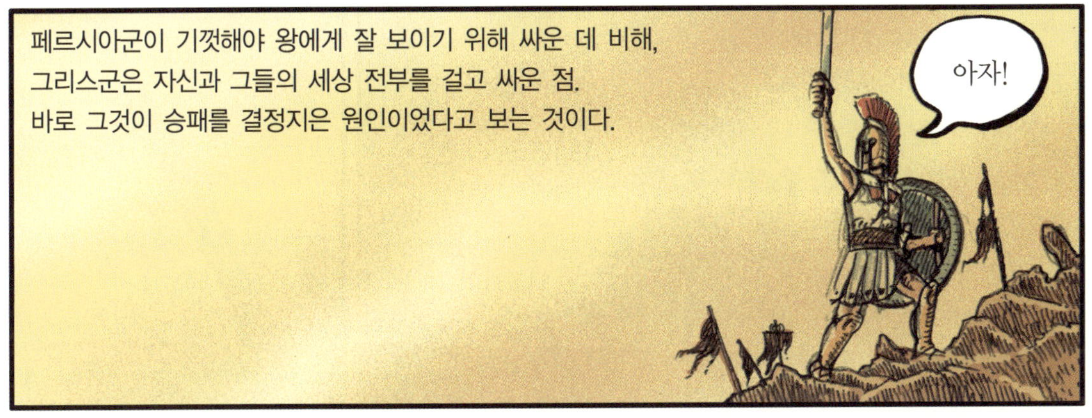

누구나 두려워하는 최강 제국의 침략.
거기에 맞서 극적으로
쟁취한 승리!

수 · 당의 침략을 물리친 고구려나 미국에
맞선 베트남 등의 나라도 비슷한 예라고
할 수 있을 것이다.

이런 위대한 역사를 창조한 나라들의
그 다음 역사의 페이지는 과연 어떨까?

똘똘 뭉쳐 외적에 맞선
경험을 살려 부국강병을
이뤘을까?
아니면 또 다른
외침에 시달렸을까?
혹은 전리품을 두고 분열했을까?

그리스의 경우 그 뒤끝이
좋지 않다.

마라톤 전투의 영웅 밀티아데스는 권한 남용 혐의로 감옥에서 죽었고…

살라미스 해전의 영웅 테미스토클레스는…
전쟁 이후 10년도 안 돼서 도편 추방을 당했지 뭐야!
성벽도 재건하고 방비도 튼튼히 하고 나름대로 열심히 했는데

나를 철천지 원수 같은 페르시아 왕과 내통했다고 모함해서 사형 선고를 때리더라구!
게다가 더 열 받는 건…
~가가 차서…

근데 지금 어디 가냐고?
응?

세상 천지에 의지할 데라곤 페르시아 왕밖에 없더라구.
그래서 탈출하는 중이야.
억울하게 죽을 순 없잖아.
거기서 여생을 보낼까 해.
안녕
내 입장도 이해해 줘~

이렇듯 모두 씁쓸한 최후를 맞았다.
본격적인 문제는 아테네에서부터 시작되었다.

페르시아 전쟁을 겪으면서 강력한 해군을 바탕으로 한 아테네의 위상이 부쩍 높아졌고,
짱 세십니다요!
형님!

페르시아 견제를 빌미로 동맹을 결성한다.
페르시아가 또 쳐들어 올지 모르니…
우리도 조직을 결성해서 맞서자구.

서쪽에 스파르타 보스의 펠로폰네소스 동맹이 있는데 괜찮을까요?
시대가 바뀌었어.
무식한 스파르타도 우리의 제해권을 인정할 수 밖에 없을걸.
흐흐흐~

아테네는 동맹에 가입한 폴리스들로부터 보호비 명목의 기금을 모아 델로스 섬의 금고에 보관했다.
열쇠는 당연히 내가 보관해야지.
~♪

금고의 돈은 아테네 마음대로 썼고, 나중엔 금고를 아예 아테네로 옮겨 버렸다.
어디에 두건 사실 똑같은 거 아니겠어~
아테네
어?
뭐, 뭐야!

점점 부를 축적하고 힘이 커지면서 점점 간이 커진 아테네는 에게 해뿐만 아니라 스파르타의 영향력 아래에 있는 서쪽으로 나아가려는 야심을 품었고, 또다시 그리스에 큰 환란이 불어닥치는 계기가 되었다.
필연적으로 우리와 맞붙게 되어 있지!
스릉

페르시아 전쟁 이후,
스파르타는 폐허가 된
아테네의 성벽을 재건하지
못하도록 견제를 했다.
윗동네는 있던 성벽도
허물었다구.
괜히
침략자들에게
성을 뺏기면
다시 함락하기
골치 아프잖아.

전쟁에서 맹활약한 아테네가 패권을 위협할까
두려웠던 것이다.
감독관은
감시하고…
아테네의 도약을
위해선 방어
시설을 갖춰야
하고….

뛰어난 지략가 테미스토클레스는 스파르타의 감독관을 매수하는 한편,
성벽을 재건하면서 교묘하게 협상을 질질 끌었다.

테미스토클레스의
전략에 따라…
성벽은
재건했고…
주요 항구들을
요새화시켰
습니다.
에게 해에 거미줄
같은 연락망을
구축했습니다.

아테네는 절정기를 구가하며 제국의 면모를 과시했고,
에게 해
이오니아
이게 다 우리 땅이야?
우리의 영향권 이지!
펠로폰네소스
스파르타
아테네
크레타

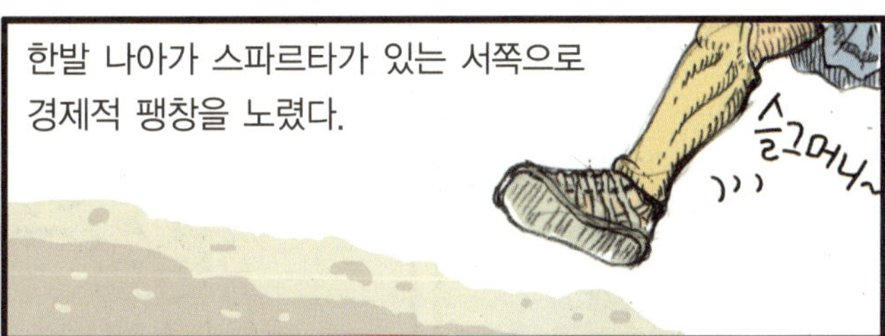
한발 나아가 스파르타가 있는 서쪽으로 경제적 팽창을 노렸다.
슬그머니~

이에 위협을 느낀 펠로폰네소스 동맹국들을 위시한 폴리스들이 전쟁을 일으켰으니,
마이 컸네!
내가 원래 키는 쪼매 더 컸다 아이가!

바로 그리스 쇠퇴의 계기가 되는 '펠로폰네소스 전쟁'이다.
와와
이 페르시아 같은 놈들!
흥, 페르시아보다 더 나쁜 놈들아!
와아

펠로폰네소스 전쟁은 이전의 전쟁과는 양상이 크게 달랐는데…
응?
중장보병 밀집 대형끼리 붙는 거 아냐? 하던 대로….

어떤 변화가 있었는지 살펴보자.
펠로폰네소스 전쟁

중장보병은 전신을 갑옷으로 보호하고 있는데…
덤벼!
자!

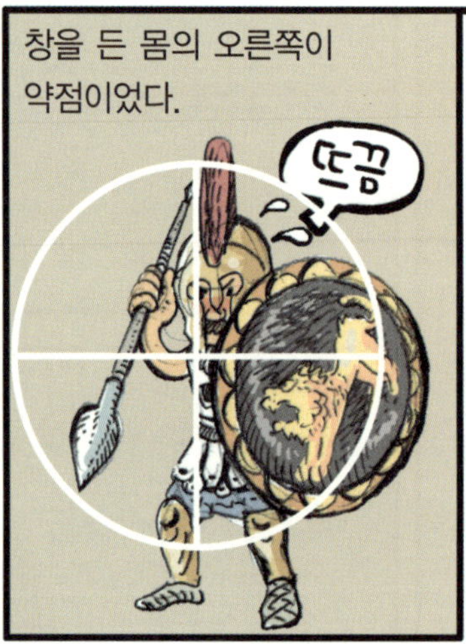
창을 든 몸의 오른쪽이 약점이었다.
뜨끔

그래서 병사들은…
본능적으로 옆의 방패로 약점을 보완하고 싶다구.
엇!
허~전

자신의 오른쪽을 옆 병사의 방패로 보호받기 위해 이동하다 보니 전체 열이 오른쪽으로 이동했고,
슬금
슬금
슬금
슬금

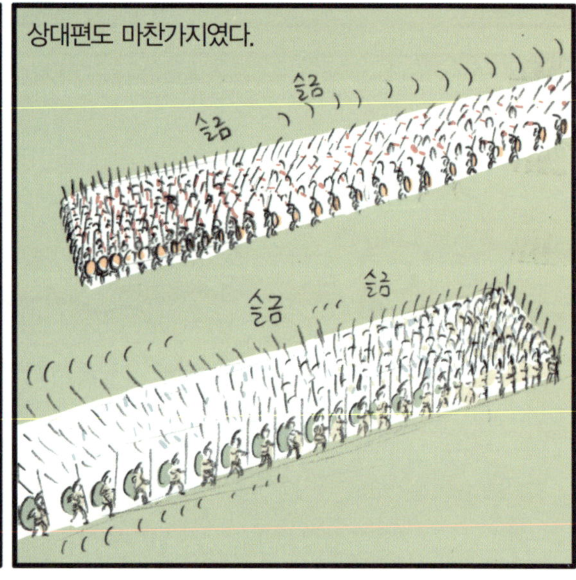
상대편도 마찬가지였다.
슬금
슬금
슬금
슬금

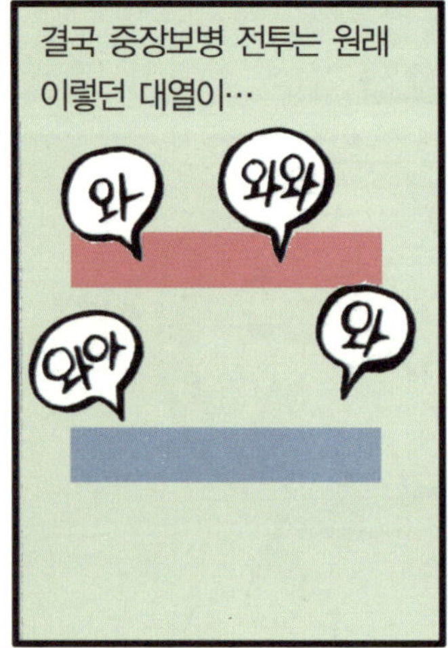
결국 중장보병 전투는 원래 이렇던 대열이…
와
와와
와아
와

서로 오른쪽으로 이동하다가…
와

상대의 왼쪽 날개를 포위해서 공격하는 식의 형태로 전개되었다.

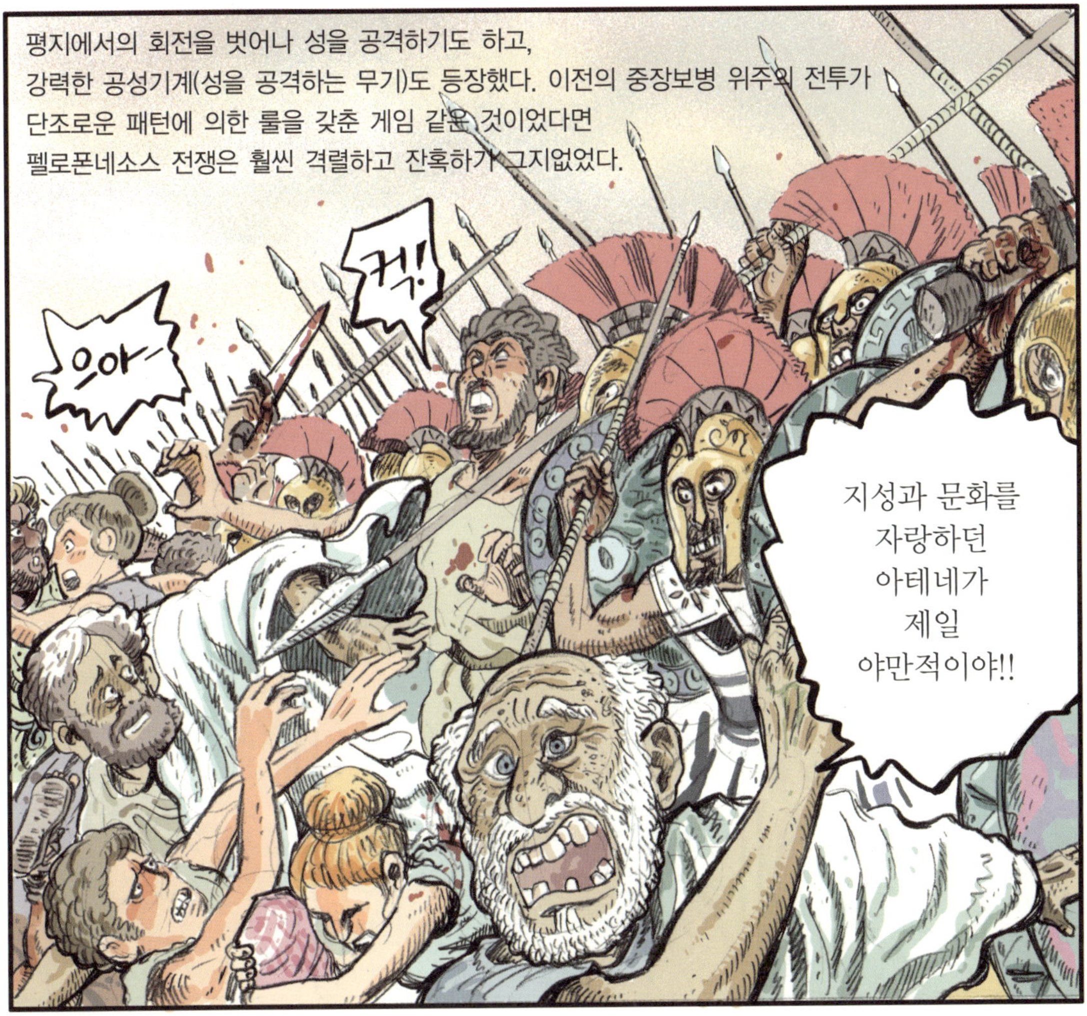

평지에서의 회전을 벗어나 성을 공격하기도 하고,
강력한 공성기계(성을 공격하는 무기)도 등장했다. 이전의 중장보병 위주의 전투가
단조로운 패턴에 의한 룰을 갖춘 게임 같은 것이었다면
펠로폰네소스 전쟁은 훨씬 격렬하고 잔혹하기 그지없었다.

으아-

컥!

지성과 문화를 자랑하던 아테네가 제일 야만적이야!!

*펠타스트 방패와 투창으로 무장한 경무장부대

스파르타 병사들은 어떤 상황에서도
항복한 적이 없었다.
'정복, 아니면 죽음!' 이라는 율령 아래
임전무퇴의 정신을 굳게 지니고 있었다.
스파르타의 어머니들은 전장에 나가는
아들에게 방패를 건네며 다음과 같이 말했다.
"이 방패를 가지고 집에 오든지,
아니면 그 위에 누워 오든지 하라!"
스파르타를 위해 싸우다 명예롭게 죽으란
얘기였다.

아테네는 도대체 무슨 배짱으로
무시무시한 스파르타를
도발했을까?
잔디보호
-스파르타
메롱~

그건 바로 아테네가 '제국'으로
커 버렸기 때문이다.
델로스 동맹의
맹주로서
조공을
받고 금고
열쇠를 맘대로
쓰는 건 당연
한 거 아냐?

기원전 5세기 중반,
동맹국들로부터 거둬들이는
조공만 해도 연간…
2억
달러쯤 되지.
노동자 임금을
하루 80달러로
쳤을 때 말야.

당시 아테네의 시민 인구가
3만~4만 명이었던 걸 감안하면 어느
엄청난 번영을 가져다주는 것이었다.
써도 써도
끝이 없어!

넘쳐 나는 돈을 대량으로
국방에 투자했으니,
이 정도 돈이면
F-15도 살 수
있지 않을까?
이지스 함은
어때?
터미네이터!

당시의 공성 기술로는 도저히
아테네의 철옹성을 함락시킬 수 없었으니,
만약 스파르타가 전원 지대를 약탈한다고 해도
성안으로 피신한 아테네인은 축적해 둔
막대한 재정을 바탕으로 얼마든지 식량을
수입할 수 있었다.

아티카 전원 지대

아테네

피레에프스의 주 항구

해군은
우리가 제일
세잖아.

그래도 적이 쳐들어 온다면,
아테네

해군력을 이용, 적진 깊숙이 군대를 상륙시켜…

적 후방을 마음껏 유린할 수 있단 말이야!
이런 걸 전문용어로 빈집털이라 하지!
페리클레스

이건 뭐…

절대 질 수 없겠는걸!
찡긋~

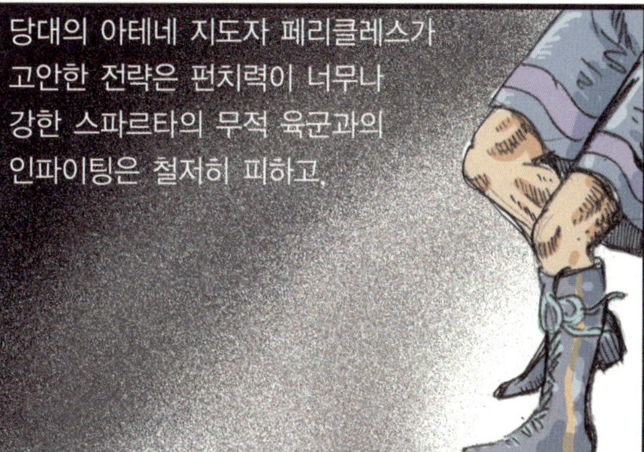
당대의 아테네 지도자 페리클레스가 고안한 전략은 펀치력이 너무나 강한 스파르타의 무적 육군과의 인파이팅은 철저히 피하고,

풍부한 인력과 재정, 강력한 해군력으로 철저한 아웃복싱을 한다는 것이었다.
그러면 진짜 이길 수 있는 거야?
당근!
SPART

펠로폰네소스 전쟁은 B.C. 431년부터 B.C. 404년
까지 27년간 계속되었다.

스파르타는 아테네로 공격해 들어갔고,
SPARTA

아테네는 정면 승부를 피했다.

스파르타는 견고한 아테네의 성벽을
공격하지 못하고 전원 지대를 약탈했다.

농사를 짓던 아테네인들은 성벽 안으로
대피해 있었다.

이제 페리클레스의 전략대로
지연전을
펴며,
해군을 이용,
우회 공격을 하면
우리의 승리닷!
착착 맞아 들어가는
듯했으나…

전혀 뜻하지 않은 돌발 변수가
나타나고 말았다.
변수?
스파르타가 신무기라도 개발했어?
아니면 우리 쪽에 배신자가?

스파르타가 아티카의 전원 지대를 약탈하고,

농민들이 도심으로 피신하는
데에서 문제가 일어난 것이다.

총 길이 6킬로미터의 성벽 안 인구 밀도가
갑자기 높아졌는데…
이주 농민의 주택이나 위생 문제를 해결해 줘야 할 것 아냐?
와글
와글
와글

밀집한 인구와 비위생적 환경으로
페스트가 발병했고,

아테네의
우회 전략의
핵심인 해군,

그 해군은 3단
전함 트리레메
300여 척으로
구성되었고,

트리레메 한 척에
170명의 노꾼, 전체
함대에 51,000여 명의
노잡이가 필요했다.

기타 승무원까지 하면 해군에만
60,000명이 필요한데, 페스트로
인한 사망률이 너무 높아 함대를
운용하지 못할 정도였다.

우째
이런 일이!

수많은 스파르타인이 죽고…
엎친 데 덮친 격으로 헬롯들의 반란까지….

옛날의 우리가 아냐.
전력이 너무 형편없어졌어.
피차일반이야!

전쟁은 잔인하고도 지루하게 이어졌다.
짧고 굵게 끝나야지. 이건 아니잖아!
지겹다, 지겨워!

그래.
바보 같은 전쟁…
너무 재미없군.
이때, 새로운 인물이 등장했으니…

이제 멍청이들만 남았어.
식상하고 고리타분한 캐릭터들…
뭔가 개성 있고 참신한 캐릭터를 창조해 볼까?
그가 바로 페리클레스의 친척이자 적극적인 대외 팽창론자이며 매력 덩어리, 뛰어난 전략가, 박쥐 인생의 표본감인 '알키비아데스'다.

지루하던 펠로폰네소스 전쟁에 새로운 창조적 캐릭터로 등장한 알키비아데스,
꺅
꺅

아테네인 절반은 그를 좋아했다.
역대 최고 얼짱이야!
꽃미남 알키~
꺅!

나머지 절반은 글쎄…?
……………

어쨌든 페리클레스의 친척에, 명문가 출신이고, 소크라테스의 애제자이면서, 천재적인 두뇌를 가진, 대외 팽창론자인 알키비아데스는…
서방 진출의 꿈이 가능하게 되고, 스파르타를 포위, 압박하게 되죠.
시라쿠사를 함락시켜야 합니다.
이탈리아 반도
시칠리아

시칠리아 공격을 주장하고, 대규모의 원정 부대를 지휘하다가…

반대세력의 모함으로, 기소될 위기에 처한다.
신성을 모독했다!
건방진 녀석!

진퇴양난에 빠진 그의 선택은…
소환되면 아마 죽임을 당할 거야.

에라이~
적국인 스파르타에 붙는 것이었다.
WELCOME TO SPARTA
아테네
스파르타

스파르타에 최고급 정보를
속속들이 넘기고,
날 버린
아테네에
대한
복수라구!
이게 웬
떡이냐?

그로 인해 아테네의
시라쿠사 원정군은
큰 타격을 입었다.
2백여 척의
함선과…
4만~5만의
병력을 잃어
버렸어.

페스트로 너무나
많은 아테네인이
죽었는데…
시라쿠사에서
이리 처참하게
깨지다니…
알키비아데스
이 죽일 놈!

알키비아데스의 매국
행위는 계속됐는데,
그럼 뾰족한
수가 있소?
이티카의 전원 지대를
1년에 고작 60여 일만
약탈하는 건 너무
약합니다.

있지요!
아테네의
목줄을 쥐고
흔드는
방법이!

그의 제안은 아티카의
전원 지대에 상설 기지를
설치하라는 것이었다.

이로써 침입은 1년 내내 계속되었고,
육로 보급도
완전히
마비됐고.
도대체 농사를
지을 수가 없어~
알키비아데~~스!!

2만 명의 노예도 스파르타 쪽으로 넘어가 버렸다.
이제 우린
어떡해?
허드렛일도
다 스스로
해야지~
알키비아데~~스~

알키비아데스는 '제국' 아테네의
핵심인 동지중해의 패권을
무력화시키는 데도
일조했는데,
스파르타와
페르시아가
동맹을
맺고,
아테네를
꽁꽁 묶어
버리는 거지.
스파르타
아테네
페르시아

알키비아
데스~!!
또 엄청난 일이
벌어졌으니…

알키비아데스
이 자식
어디 갔어?!
스파르타 아기스 왕의
왕비를 유혹해 임신
시킨 것이다.
안
보이는
뎁쇼.

이번엔 페르시아로 도망갔고,
그리스를 분할 통치
하려면 강자의 출현을
막아야 합니다.
그럼 어찌하면
좋겠소?

세력 균형을
유지하기
위해…
스파르타에
대한 지원을
늦춰야 합니다.

알키비아데스는
다시 철새처럼
아테네 쪽으로
붙었으며,
얼굴도 잘생
겼지~
천재
전략가지~
스파르타의
해군을
박살냈지.
음~
완벽해.

아테네 입성에 앞서
과두정파에
빼꾸기를
날렸는데…
이것들이
스팸메일
취급하네.
한 번 더 갈지자 행보를
하다가 마침내,

민주정파와 손잡고
귀환했지롱~
와!
와!

그야말로 반전에 반전을 거듭하며 화려하게 귀환한 알키비아데스.
처세술의 달인이라 불러다오.

쭉 잘나가는 듯했으나!
…했으나?

그의 뛰어난 재능으로도 어쩔 수 없는 것이 있었으니,
삐끗

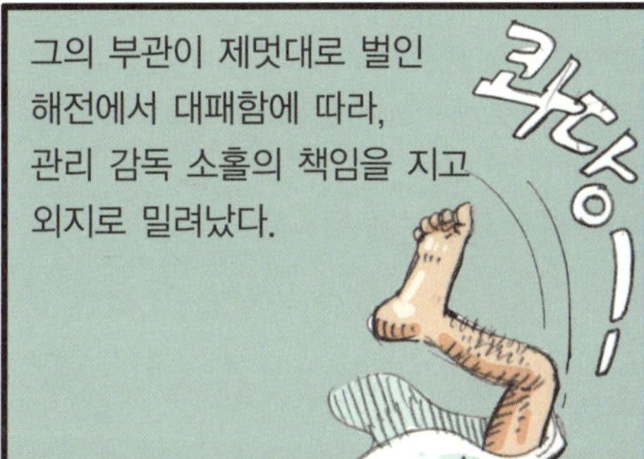
그의 부관이 제멋대로 벌인 해전에서 대패함에 따라, 관리 감독 소홀의 책임을 지고 외지로 밀려났다.
쾅당!!

거기서도 끊임없이 분란을 일으키다가,

아테네가 항복한 이후, 정체불명의 자객에 의해 살해당했다.
범인이 누구냐고?
글쎄….
철새 인생을 살며 원수진 곳이 한두 군데라야 말이지~
뭐, 그래도 이 정도면 개성 넘치는 참신한 캐릭터 아니었남?

7

신병기의 등장과 새로운 전쟁 방식

펠로폰네소스 전쟁 이후 그리스인의 생각과 전투의 방식에 변화가 일어나기 시작한다. 중장보병을 대신하여 경무장병을 중심으로한 전투 형식이 등장했고, 성을 축조하여 공성전을 벌였다. 이때부터 '헤레폴리스', '충차', '캐터펄트', '오나게르' 등 신병기가 개발되었다.

페르시아 전쟁에서 위대한 승리의
주역이었던 아테네!

그러나 펠로폰네소스 전쟁에서의
아테네는 악당이었다.

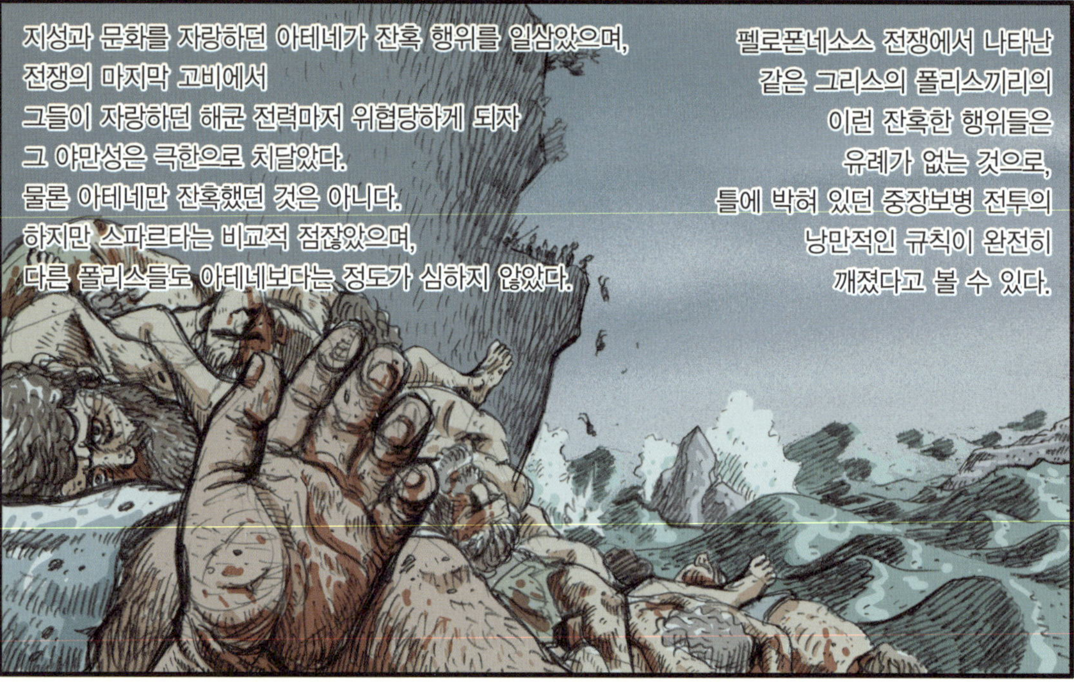
지성과 문화를 자랑하던 아테네가 잔혹 행위를 일삼았으며,
전쟁의 마지막 고비에서
그들이 자랑하던 해군 전력마저 위협당하게 되자
그 야만성은 극한으로 치달았다.
물론 아테네만 잔혹했던 것은 아니다.
하지만 스파르타는 비교적 점잖았으며,
다른 폴리스들도 아테네보다는 정도가 심하지 않았다.
펠로폰네소스 전쟁에서 나타난
같은 그리스의 폴리스끼리의
이런 잔혹한 행위들은
유례가 없는 것으로,
틀에 박혀 있던 중장보병 전투의
낭만적인 규칙이 완전히
깨졌다고 볼 수 있다.

세상은 변했고,
그리스인의 생각도 변했고,
전투의 형식도 변해 버렸다.

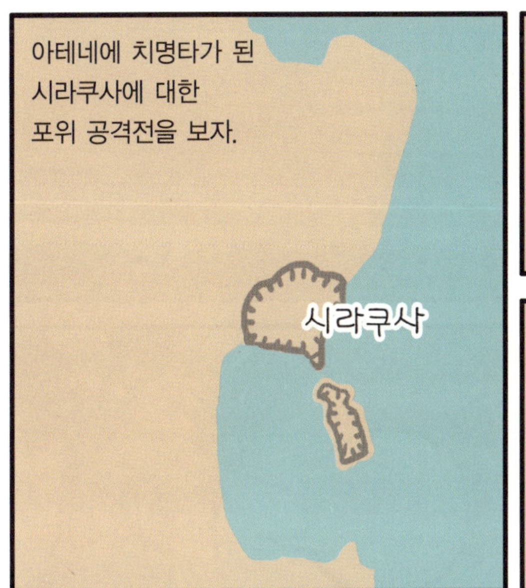
아테네에 치명타가 된
시라쿠사에 대한
포위 공격전을 보자.
시라쿠사

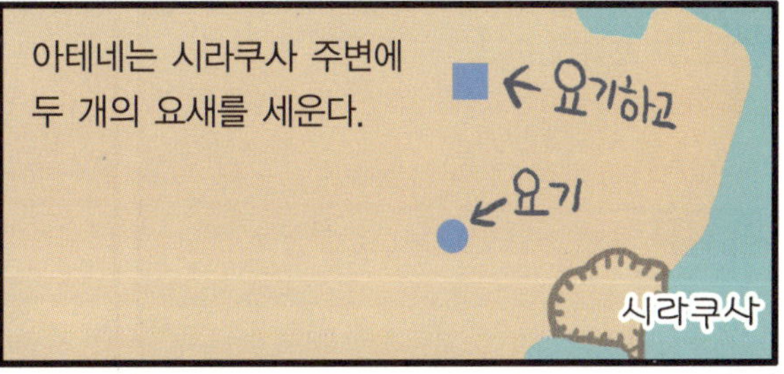
아테네는 시라쿠사 주변에
두 개의 요새를 세운다.
요기하고
요기
시라쿠사

그리고 요새로부터 시라쿠사를
포위하는 성벽을 둥글게 이었다.
앗,
포위
되겠다!

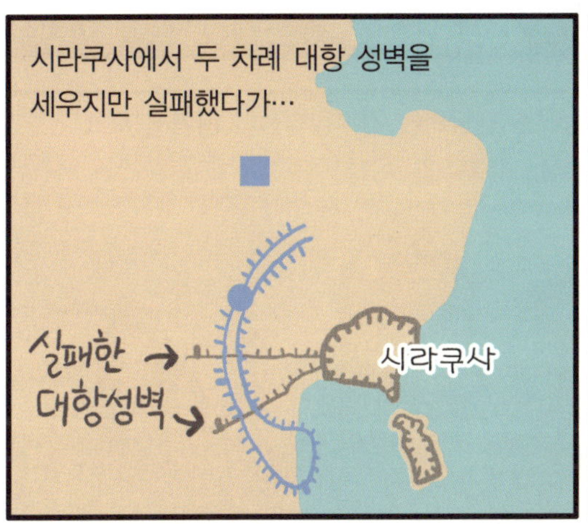
시라쿠사에서 두 차례 대항 성벽을
세우지만 실패했다가…
실패한
대항성벽
시라쿠사

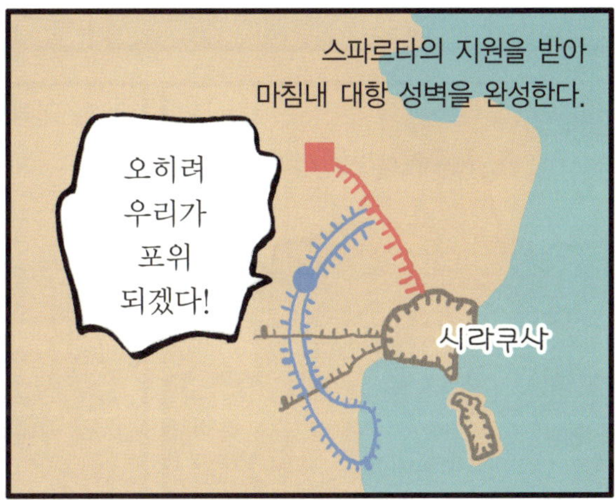
스파르타의 지원을 받아
마침내 대항 성벽을 완성한다.
오히려
우리가
포위
되겠다!
시라쿠사

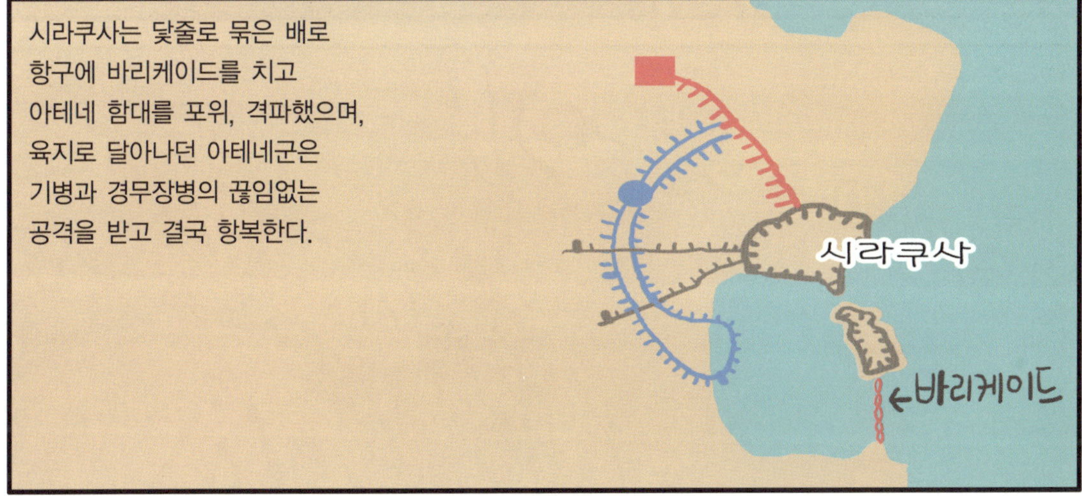
시라쿠사는 닻줄로 묶은 배로
항구에 바리케이드를 치고
아테네 함대를 포위, 격파했으며,
육지로 달아나던 아테네군은
기병과 경무장병의 끊임없는
공격을 받고 결국 항복한다.
시라쿠사
바리케이드

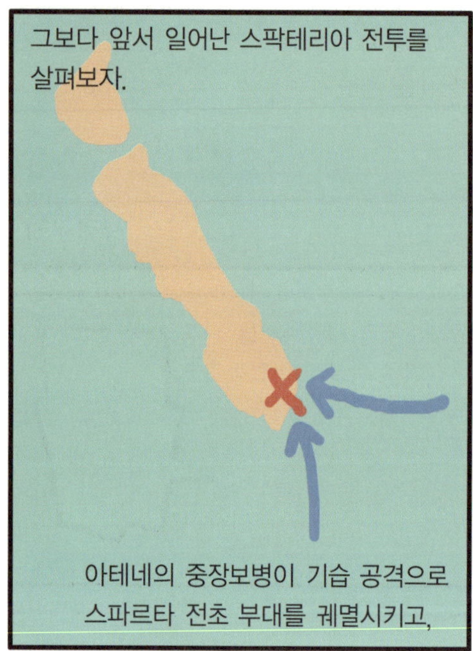
그보다 앞서 일어난 스팍테리아 전투를
살펴보자.
아테네의 중장보병이 기습 공격으로
스파르타 전초 부대를 궤멸시키고,

굶어 죽을 위기에서 스파르타 결사조가
헤엄을 쳐서 봉쇄를 뚫었다.

아테네 중장보병이 2배 이상
많았지만 상대는 천하의
스파르타.
올 테면
와 봐!

이때…
20일…
20일이면
충분합니다.

20일 내에 승리를 장담하는 경무장병들이 대거 상륙했다.

그리고…
와아아아아아

이상의 두 가지 전투만 보더라도 성을 쌓고, 공성전을 하고, 기습, 우회 공격을 시도하고, 경무장병이 보조의 위치를 벗어나 혁혁한 전과를 세우는 등 기존의 질서가 붕괴되는 양상이 뚜렷했다.

이러한 혼란은 비단 전투뿐만 아니라 사회 전반에 걸친 것으로, 노잡이를 구성하는 서민층과의 갈등, 쿠데타, 과두정의 등장 등 혼란은 계속됐다.
그나마 중산층 시민 계급이 아직 기득권을 쥐고 있었으므로 그들로 구성된 중장보병이, 많은 약점에도 불구하고 불안하나마 명맥을 유지할 수 있었다.

우리가 언제부터 이리 초라해졌지?

바야흐로 낭만의 시대는 가고….

인간의 용맹이 전쟁터를 지배하던 시대는 끝났다!

정답은 의외로 2,400년은 족히 거슬러 올라간 펠로폰네소스 전쟁 무렵이다.

오,
헤라클레스여!
인간의 용맹이
지배하던 시대는
끝났도다!
쿠르릉-
쿠르르르-
쿠릉-

이즈음에 만들어진 신병기로는…

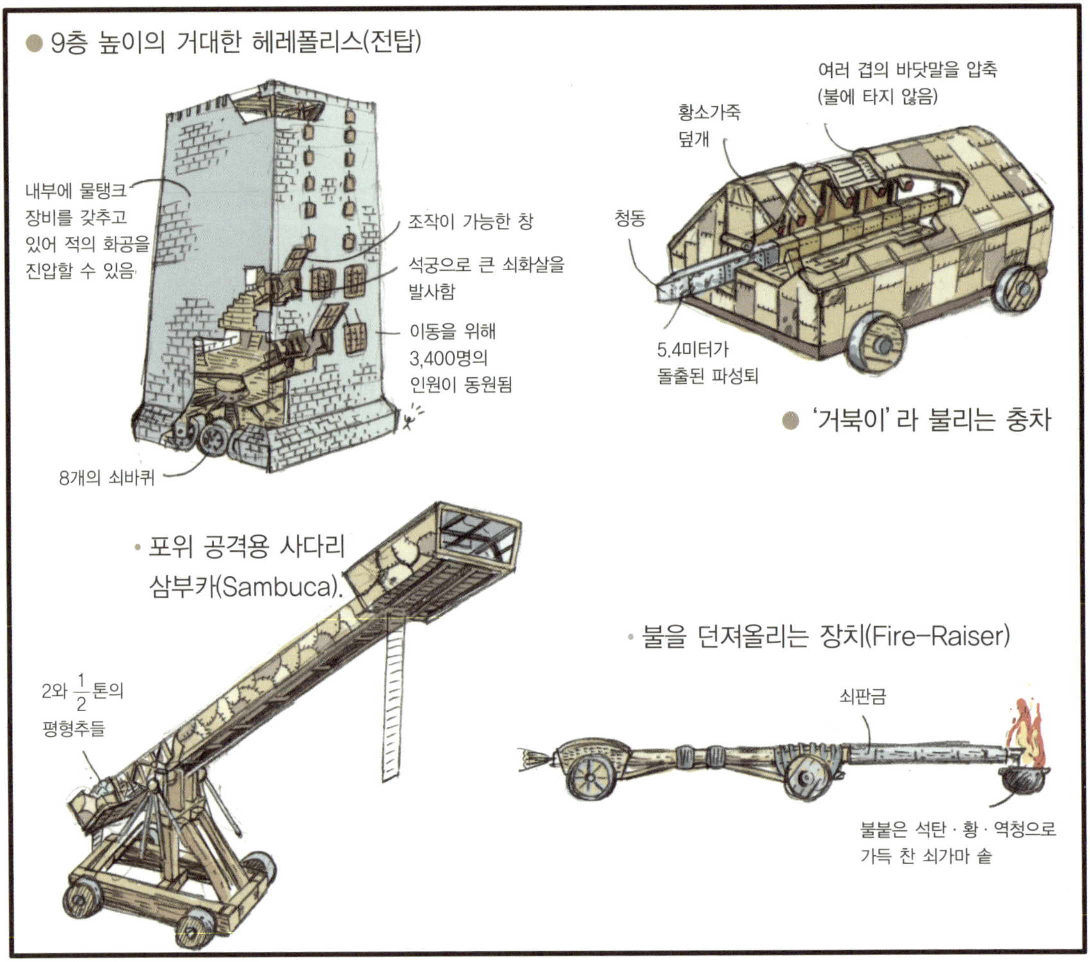

● 9층 높이의 거대한 헤레폴리스(전탑)

내부에 물탱크 장비를 갖추고 있어 적의 화공을 진압할 수 있음

조작이 가능한 창

석궁으로 큰 쇠화살을 발사함

이동을 위해 3,400명의 인원이 동원됨

8개의 쇠바퀴

여러 겹의 바닷말을 압축 (불에 타지 않음)

황소가죽 덮개

청동

5.4미터가 돌출된 파성퇴

● '거북이'라 불리는 충차

• 포위 공격용 사다리 삼부카(Sambuca).

2와 $\frac{1}{2}$톤의 평형추들

• 불을 던져올리는 장치(Fire-Raiser)

쇠판금

불붙은 석탄 · 황 · 역청으로 가득 찬 쇠가마 솥

과학과 전쟁의 상호 이익을 위한 물고 물리는 협조 내지는 야합의 관계는 아시리아에 이어 이 시기 그리스에서도 두드러지게 나타났으며, 마침내 인간의 용맹만으로는 어찌하지 못할 괴물들을 탄생시킨 것이다.

어허~ 야합이라니!

전쟁의 조기 종식과 세계 평화를 위한 정당한 공생 행위라구.

앞에서 살펴본 것처럼 27년에 걸쳐 벌어진 펠로폰네소스 전쟁은 아테네의 패배로 끝이 났다.
델로스 동맹의 독선적 운영으로 민심을 잃은 점, 페스트, 시라쿠사에서의 참패,
페르시아의 교묘한 분열책, 내부의 정치, 사회적 분열, 해군 전력의 약화 등
여러가지 원인을 들 수 있겠다.

코린트와 테베는 아테네를 말살하기를 원했는데…
그렇게 오만하더니 꼴좋구나!
남자는 모조리 죽여 버리고 여자와 애들은 노예로 만듭시다.
어허~

승패가 결정 났는데 그러면 쓰나.
자비를 베풀자구.
아이구 형님~
그러다 언제 뒤통수를 맞을지 몰라요!

아테네는 겨우 명맥을 유지하고, 명실상부한 스파르타의 독주 시대가 펼쳐졌다.
그냥 No.2로 만족할걸.
쿵!

*과두 정치 : 적은 수의 집단이 행하는 독재 정치.

페르시아의 사트라프(총독)는 스파르타의 적들에게 재정 지원금을 넘겨 버렸다.
와!
와아!
스파르타를 무찌르자!
와!
테베
코린트
아테네
아르고스

스파르타가 이들을 진압했지만, 아테네는 다시 부활한다.
아테네
헉헉

안 되겠어.
다시 스파르타를 돕자구.
아테네
스파르타
깜짝 놀란 페르시아는 다시 스파르타를 지지하고,

페르시아와 스파르타 간에 '대왕의 화약'으로 일컬어지는 협약이 맺어졌다.

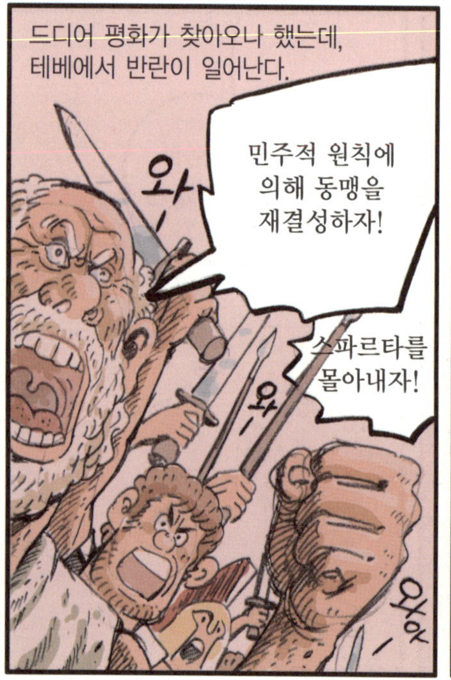
드디어 평화가 찾아오나 했는데, 테베에서 반란이 일어난다.
와!
민주적 원칙에 의해 동맹을 재결성하자!
스파르타를 몰아내자!
와!
와아!

No.2 아테네를 제압하니까 이젠 No.3가 덤비네?
스파르타는 B.C. 371년, 레우크트라에서 테베군과 맞붙는데…
기가 차서
뚜둑
뚝

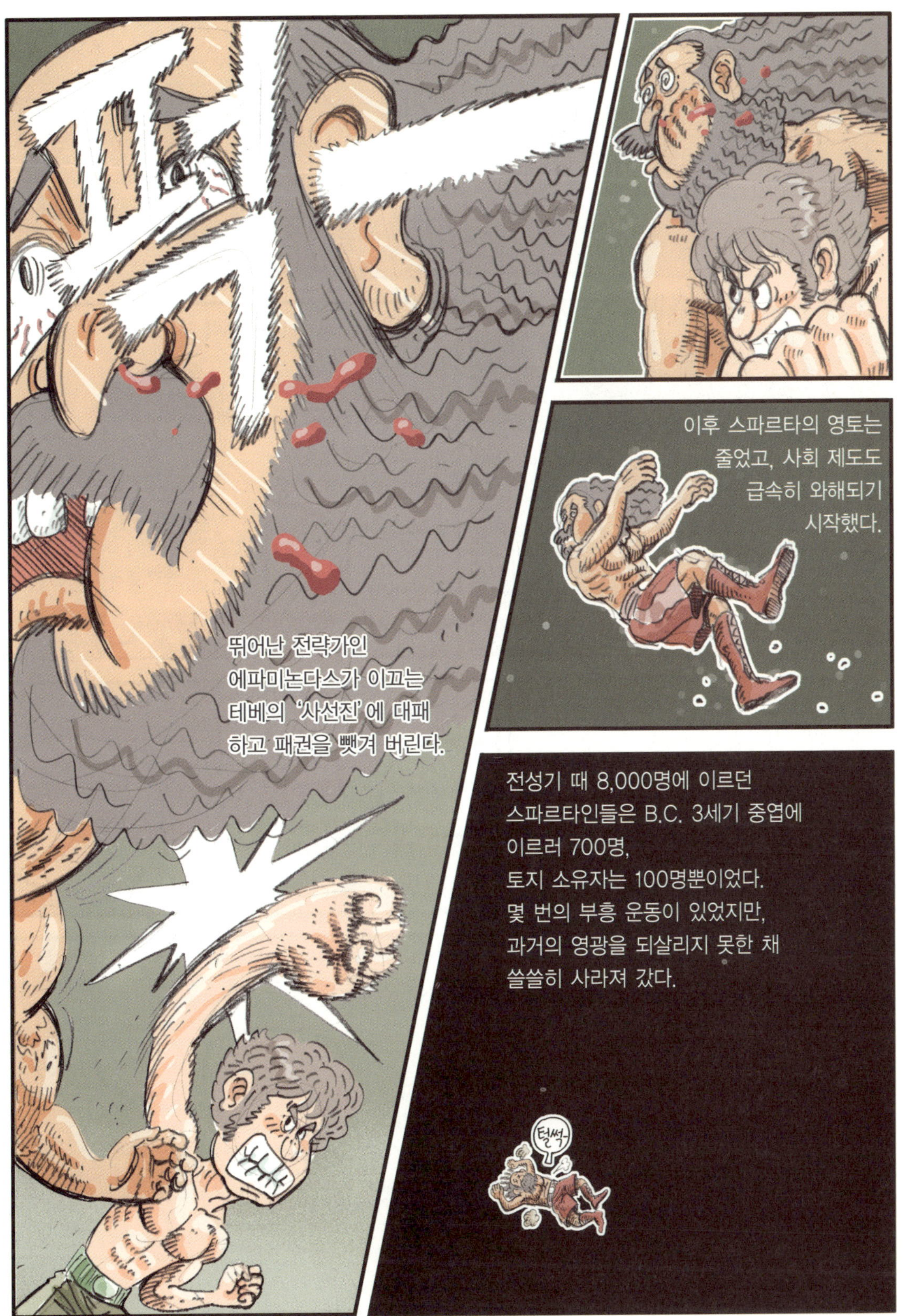
퍽
뛰어난 전략가인
에파미논다스가 이끄는
테베의 '사선진'에 대패
하고 패권을 뺏겨 버린다.
이후 스파르타의 영토는
줄었고, 사회 제도도
급속히 와해되기
시작했다.
전성기 때 8,000명에 이르던
스파르타인들은 B.C. 3세기 중엽에
이르러 700명,
토지 소유자는 100명뿐이었다.
몇 번의 부흥 운동이 있었지만,
과거의 영광을 되살리지 못한 채
쓸쓸히 사라져 갔다.
털썩

썩어도 준치라는 말이 있다.
스파르타가 대지진, 펠로폰네소스 전쟁 등으로 전력 손실이 컸다고 해도, 테베에게 그렇게 쉽게 패권을 넘겨줄 정도는 아니었다.

스파르타처럼 무시무시한 인간 병기들을 만들어 낼 만한 사회 구조가 아니었던 테베가 패권을 차지할 수 있었던 건 바로…

에파미논다스의 빛나는 전략 때문이었다.
빛나는 전략이라기보다는…
천재적인 전략이지.

에파미논다스가 창안한 진법은 이름하여 사선진!
사선?
빗금 같은 거?

사선진은 입지가 좁아져 가던 중장보병 전술을 업그레이드 시킨 것으로,
그런 거야?
그럼 우리가 아직 쓸모 있다는 거야?

기본 맥락은 마라톤 전투에서 밀티아데스가 창안한 양익 포위 전술 대형과 유사했다.
내 전술을 표절했지?
아뇨.
그럼 샘플링?

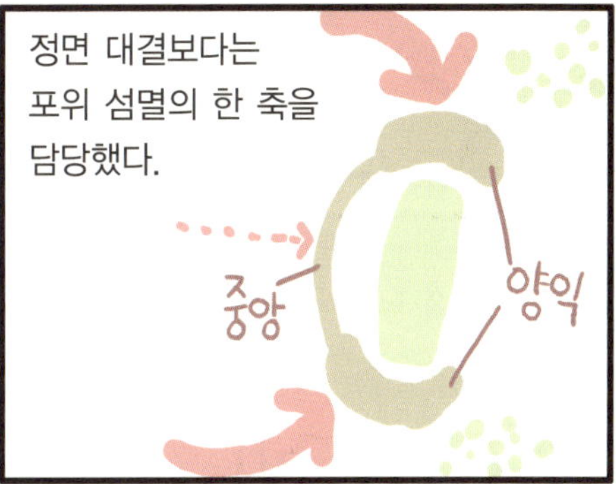

에파미논다스의 사선진은 중앙과 오른쪽 대형을 얇게 했고,

중앙　우익

대신 뒤로 비스듬히 후퇴한 대형을 취했다.

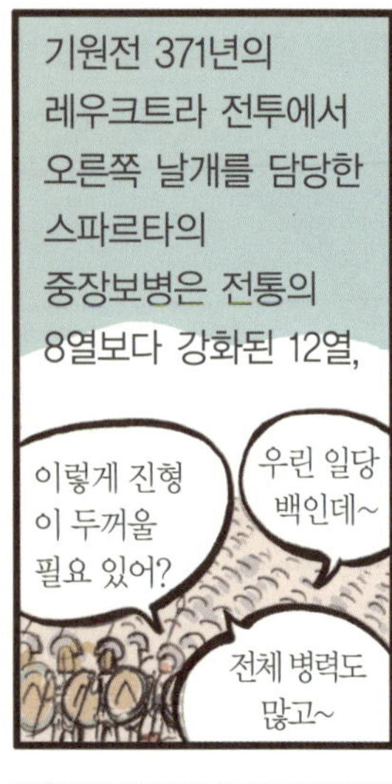

스파르타의 4배가 넘는 열을 갖춘 테베의 좌익이 스파르타의 최강 우익을 밀어붙였다.

스파르타의 왕은 우측 날개를 강화하면서 테베군을 포위하려 했지만, 정예병인 '신성대'를 중심으로 한 테베의 공격은 틈을 주지 않았고, 스파르타를 격파했다. 왕을 포함한 500여 명의 스파르타인이 전사했고, 테베인은 300명이 전사했다.

에파미논다스는 점령지에
요새를 세우고 스파르타를
고립시켜 갔다.

그리고 기원전 362년,
만티네이아에서 또 한
번 스파르타와 동맹군
을 격퇴했다.

무적의
스파르타를
두 번이나
박살 냈어!
사선진은
최강이야!
음핫핫—

이제
그리스는
우리
테베가…
어라?

오잉?

이런
된장!
매사에
뭐 좀
해 보려고
하면
이렇다니깐!
뿅
우린
어떡해?
테베가 전투에서
승리했지만
에파미논다스는
치명상을 입고
죽어 버렸다.

그의 죽음으로 테베의 정치, 군사력은 순식간에 쇠퇴했고,
10년간의 짧은 패권도 잃고 말았다.
에파미논다스의 뛰어난 전술과 테베가 놓쳐 버린 패권은
이제 다음 계승자를 찾게 되는데…
누구도
예상하지
못했을걸.
내가
그 열매를
가져갈
것을….
후훗—

8

마케도니아, 역사의 주역에 서다

마케도니아 왕국은 그리스 세계의 변방에 머물렀으나,
필리포스 2세에 이르러 군사적 개혁을 바탕으로 패권을 차지하게 된다.
그를 계승한 알렉산드로스는 마케도니아의 전성기, 절대 무적 시대를 연다.

테베가 레우크트라 전투에서
스파르타를 물리치고 패권을
차지하고 전성기를 구가할 당시
테베에 한 소년이 있었다.

나이는 15세,

그리스에서 바르바로이(야만인)라 부르며
멸시하던 북쪽 나라 마케도니아에서
볼모로 잡혀 온 왕자였다.

조국에 힘이 없어 인질이 된 신세…
이런 현실을 극복하기 위해 많은 것들을 배워야 한다.

그리스의 문화,
역사, 학문, 예술…

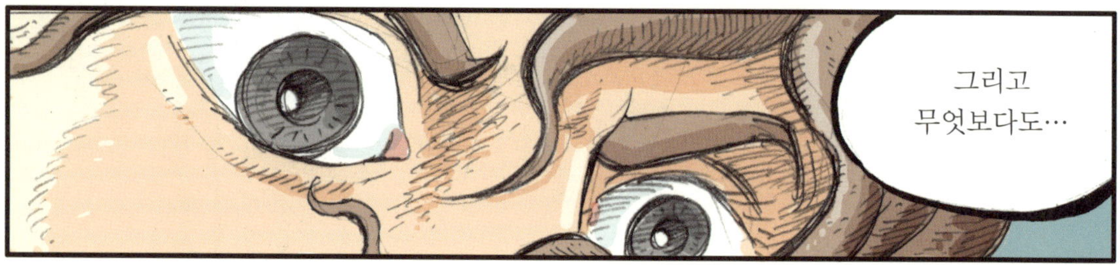
그리고 무엇보다도…

혁신적인 밀집 보병 진법과

에파미논다스의 사선진을 포함한

전략, 전술, 군사 기술!

3년 뒤 귀국한 왕자,

재위에 있는 형을 도와 부국 강병을…

마케도니아

…이루려고 했는데 형이 전사하다니!

기원전 359년 형의 뒤를 이어 왕위에 오르니 그가 바로 필리포스 2세이다.

당시 마케도니아
왕국의 상황을
보면…
파이오니아
인의 침공
일리리아
인의 침공
외세의
지원을 업고
왕위찬탈을
노리는
무리.
지방봉건
제후들의
불복종
테베의
간섭

설상가상
이로구나!
진퇴양난!

온갖 악재로 붕괴되어 가고 있었는데…

필리포스는 뛰어난 외교술을 발휘, 돈을 주어
달래거나 조약을 맺어 급한 불을 껐다. 그 사
이에 번 실낱같은 시간 동안 군사력 강화에
주력했으니…

1년 뒤 나타난 마케도니아군은 이전과는 달리
혁신적인 변화를 거친 무적의 군대가
되어 있었다.

필리포스의 마케도니아는 정치적, 군사적으로 맹렬히 치고 올라왔고, 페르시아, 아테네를 비롯한 주변국들은 무너져 가던 '바르바로이'의 무시무시한 변신에 놀라고 분개했다. 주위의 나라들은 부랴부랴 동맹을 맺는 등 대응책을 냈으나, 마케도니아가 드리운 거대한 그림자를 인식했을 때는 이미 때가 늦은 뒤였다.

이 야만인 놈들이!

옛날엔 한주먹감 이었는데….

너희는 어떤 적들과 싸워야 하는지 알고 있느냐?
우리는 날이 선 칼을 접시 삼아 식사하고
불타는 횃불을 포도주 삼아 마신다네.
후식으로는 크레타의 창과 쪼개진 창대를 즐긴다네.
우리의 베개는 방패와 흉갑이고
우리의 발치에는 활과 투석기가 놓여 있지.
머리에는 석궁으로 만든 화환을 쓴다네.

–므네시마코스의 《필리포스(Philip)》 중에서

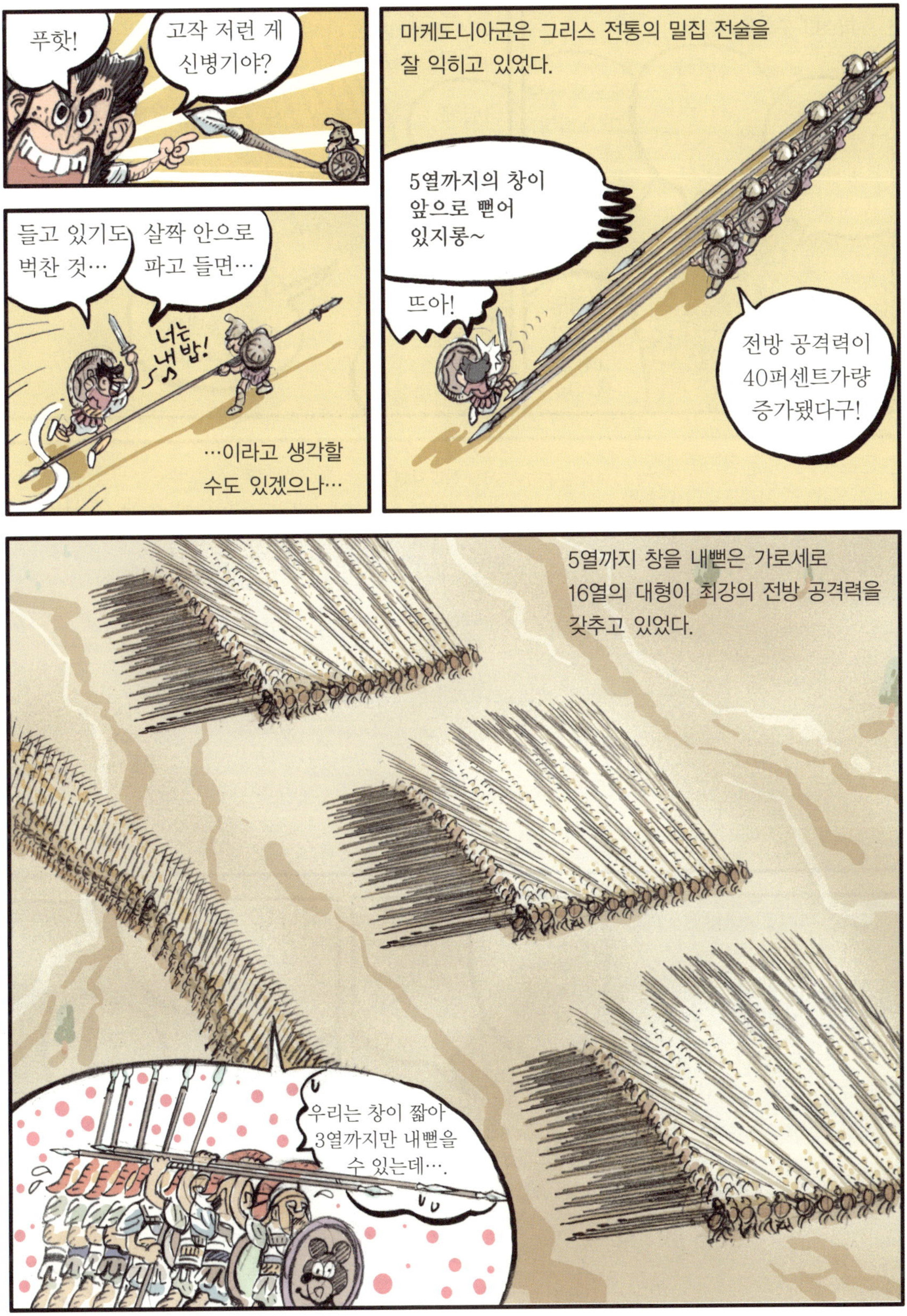

5열까지 창을 내뻗은 가로세로 16열의 대형이 최강의 전방 공격력을 갖추고 있었다.

우리는 창이 짧아 3열까지만 내뻗을 수 있는데….

스파르타 군대를 보면,
기본적으로 1열에 8명씩 배치됐어.
4열이 1개의 에노모티아(소대).
에노모타르크(소대장)의 지휘를 받았지.
32명당 장교가 1명인 셈이네.

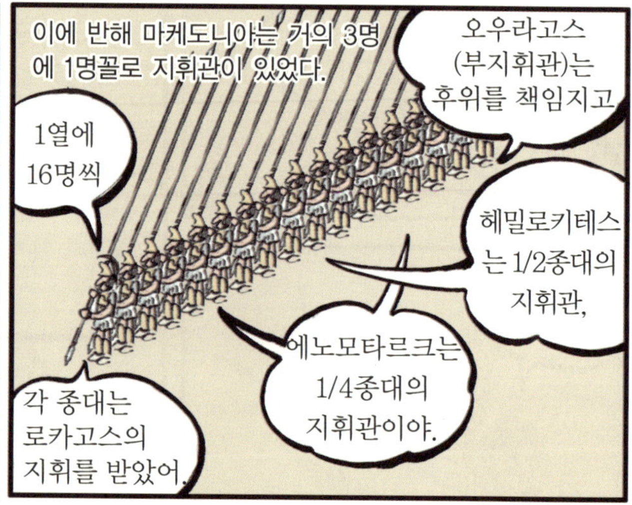
이에 반해 마케도니아는 거의 3명에 1명꼴로 지휘관이 있었다.
1열에 16명씩
오우라고스(부지휘관)는 후위를 책임지고,
헤밀로키테스는 1/2종대의 지휘관,
에노모타르크는 1/4종대의 지휘관이야.
각 종대는 로카고스의 지휘를 받았어.

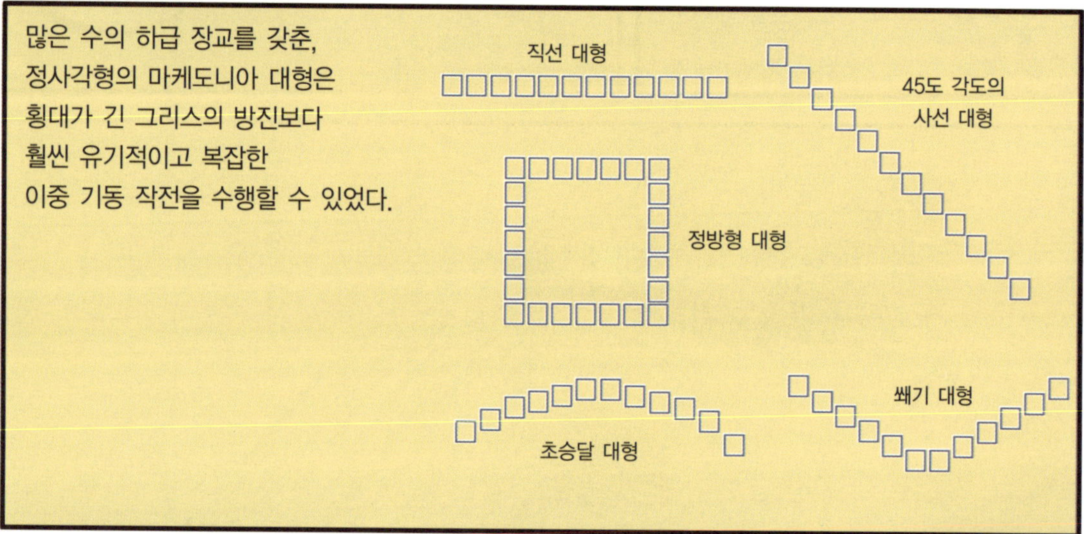
많은 수의 하급 장교를 갖춘, 정사각형의 마케도니아 대형은 횡대가 긴 그리스의 방진보다 훨씬 유기적이고 복잡한 이중 기동 작전을 수행할 수 있었다.
직선 대형
45도 각도의 사선 대형
정방형 대형
초승달 대형
쐐기 대형

이러한 마케도니아의 밀집 대형을 구성하는 '페제타이로이'라 불린 중장보병들은…
폴리스에 속하지 않고,
토지도 소유하고 있지 않아.
뭐야?!

그럼 뿌리도 없는 용병들이란 말야?
그런 셈이지.

그리스 중장보병의 갑옷을 갖추는 비용이 오늘날로 치면 승용차 한 대 값이었다. 관리를 하고, 마구를 갖추는 등의 유지에는 훨씬 많은 비용이 필요했다. 시민이 주류가 되는 그리스 폴리스의 사회 체제로선 기병 운용에 한계가 있을 수밖에 없었다. 또한 그나마 있던 그리스의 기병이 정찰, 패잔병 추적 등의 부수적 역할을 한 데 비해 마케도니아의 기병은 훨씬 더 강력한 역할을 수행했다.

그리스의 조무래기 기병?

우리와 비교 불가지!

같은 기병이라고 부르지 마!

자존심 상해.

헤타이로이는 오늘날의 전차와 같은 역할을 수행했다.

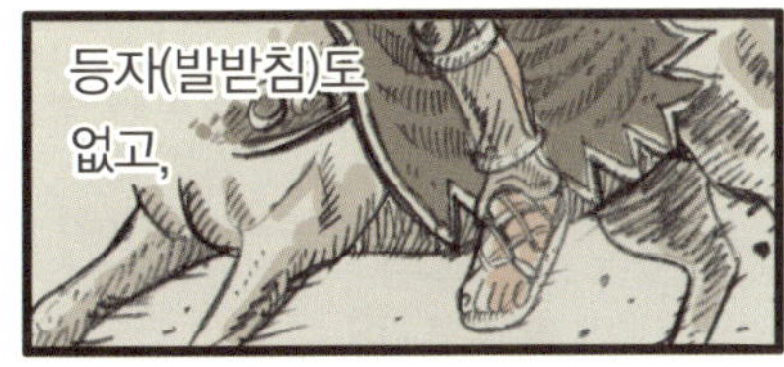
등자(발받침)도
없고,

안장도 발명되지
않았던 당시…

말 위에서 중심을
잡기 어려워 방패조차
들기 힘들었을 텐데
3.5미터나 되는 장창을
움켜쥐고,

적진을 향해 돌격을
감행한 것이다.
기병이
이래도
되는 거야?
으악—

어험~
험~

테베에 볼모로
잡혀 있던
3년은…
어떻게 보면
가장 많은
가르침을 얻은
나날이었어.

인내!
끈기!
그리고…

전쟁의 기술.
에파미논다스의 사선진에서 주공과 조공의 개념을 배웠지.
주공
조공

이 개념을 300퍼센트 업그레이드!
마케도니아 특유의 기병에도 접목시킨 거야!
축 천재 탄생

페제타이로이들이 조공의 역할을 하며 모루처럼 적을 잡아 두고,

기병은 주공으로 망치가 되어 적을 부숴 버리는거지.

이름하여 망치와 모루 작전!
모루는 대장간에서 쇠를 두드릴 때 쓰는 받침대를 말해.
음 핫핫핫~
쨍~

뛰어난 외교술과 망치와 모루 전술.
이 두 가지로 스키타이, 발칸, 페르시아, 그리스 등 주변 모두를 벌벌 떨게 했지!

마침내 기원전 338년,
카이로네이아 전투에서 그리스 동맹군을 박살 내고,

그리스에 대한 실질적인 패권을 움켜쥐었어!

코린트 회의를 거쳐 그리스의 지배자가 됐지만 이게 끝은 아니야.
오히려 시작이지.

다음 상대는 페르시아!
세상의 중심.
150여 년 전 우리 그리스를 침략한 데 대한 복수로 성전을 선언하노라!

근데 아빠~
왜?

칼에 찔린 데는 괜찮아?
헉!

이런 된장~
이제 뭔가 멋지고 스펙터클한 본 편이 펼쳐지려는데….
뿅~

페르시아 원정을 눈앞에 두고 필리포스는 암살되었다. 뛰어난 외교술, 천재적인 전략으로 풍전등화의 조국을 일약 최강국으로 변모시킨 영웅 필리포스. 마케도니아의 부흥에 그의 개인적 능력이 너무나 크게 영향을 끼쳤기에, 갑작스러운 그의 죽음은 억눌려 있던 적들을 일제히 꿈틀거리게 만들었다.
어여 와~
매사에 뭐 좀 해 보려고 하면 이렇다니깐~

온 그리스를 벌벌 떨게 했던 군주 필리포스가 암살당하자…

숨죽이고 있던 폴리스들이 꿈틀거리기 시작했다.
아싸! 그럼 다시 우리 세상이구나!
죽었네?
어떻게 됐어?
뭐야?
빨리빨리 빠져 나가자구!

자, 이제 어떡하지?
어떡하긴~
필리포스도 죽었으니 반강제로 가입했던 동맹 협약도 파기해야지.

그래도 필리포스의 아들이….
푸핫, 그 애송이?
이제 겨우 스무 살이야.
아직 솜털이 보송보송하다구.

그래도….
걱정할 거 없어. 애송이 녀석은 일리리아 애들과 싸우다 죽어 버렸대.
이 두 눈으로 똑똑히 봤어!

와, 그럼 마케도니아는 이순신 없는 조선 수군이네?
협약은 무효야!
마케도니아는 꺼져라!
민주주의를 위하여!
폴리스들의 이런 행동은 그들로서는 당연한 것이었겠지만…

결과적으로는
완벽한 실수였다.
뭐?!

필리포스의 애송이
아들이 죽지 않았다구?
뿐만 아니라,
반란을 일으킨 테베를
진압하러 진군
하고 있다고?

어떻게
된 거야?
죽은 걸
봤다며?
글쎄…
내가 이
두 눈으로
똑똑히….
안경을
끼셔야
겠군요.

뭐 어때,
그 애송이가
달려와 봤자지!
하긴,
필리포스도
없는 마당에….
저기
마케도니아
군대가
온다아~

두두두두두두-
두두두--

척-

나 지금
열 받았거든.
그러니까
좋은 말로 할 때
항복하고 동맹에
재가입해라!
흥!

어따 대고
반말이야?!
덤벼
보시지!

너희 아빠
오라고 해!
하하하—
애송이!
특히 총대를 멘
테베의 실수가 컸는데,
마케도니아의 새 왕이
된 스무 살의
애송이가…

알렉산드로스야——
'알렉산더'로 더
잘 알려진 정복왕
'알렉산드로스 3세'
였기 때문이다.

와— 와아아—
와—

콰지끈—

으악—
테베는 점령당했으며 무자비한
학살극이 벌어졌다.
으아아—
컥

6,000명이 죽었으며
나머지는 노예로 팔려 갔다.

성벽과 집들 또한 철저하게 파괴되었다.
오, 테바이(테베)여~

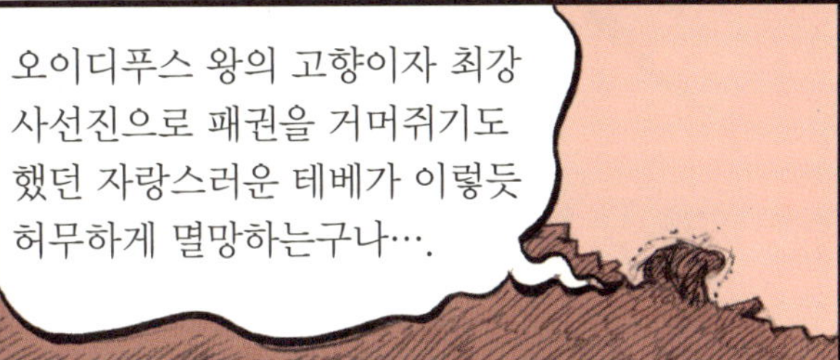
오이디푸스 왕의 고향이자 최강
사선진으로 패권을 거머쥐기도
했던 자랑스러운 테베가 이렇듯
허무하게 멸망하는구나….

덜덜덜~

테베의 비극을 목격한
폴리스들은 더 이상
마케도니아에 대항할
엄두를 내지 못했다.
철컥

바야흐로 알렉산드로스 대왕의
절대 무적 시대가 열린 것이다.

9

정복자,
알렉산드로스의 시대

마케도니아의 알렉산드로스는 스무 살에 왕위를 이어받아
유럽, 아시아, 아프리카에 이르는 지역을 침략하여 거대한 제국을 건설한 정복왕이다.
자신이 정복한 땅에 '알렉산드리아' 라는 이름을 가진 도시를 건설하기도 했다.
동서 문화를 융합한 헬레니즘 문화를 이룩했다는 평가를 받는다.

알렉산드로스 대왕은 위대한 정복왕답게 보통 인간들과 다른 점이 많았다.
당연하지, 위대한 철학자이신 이 아리스토텔레스 님께 3년간이나 특별 수업을 받았는걸.

일단 그는 오만했고, 저돌적이었고, 자신감이 넘쳐흘렀다.
콸콸콸~
콸콸~
자신감

얼마나 잘난 줄 아느냐면,
사실 나는…
헤라클레스와 아킬레스의 자손이야.

더 나아가 그는 인간을 넘어 신이 되려 했다.
왜?
불만이야?
내가 신으로서 부족한 점이 있니?
글쎄… 과연 자격이 있는지 없는지 한번 짚어 보자.

그가 어린 시절, 상인들이 사나운 말을 데리고 왔다.

누구도 그 말을 길들이지 못했으나,

소년 알렉산드로스는 단번에 길들였다.
이 녀석이 자기 그림자를 무서워하는 줄 알고 태양을 향해 달렸지롱~
와, 굉장해!
신동이다.

필리포스가 전쟁에서
승리할 때마다,
왜?
아~
짱나~
투덜
투덜

위대한 업적을 아빠가
다 이뤄 버리면 난 세상에
보여줄 게 없잖아!

오늘날 고등학교
1학년생 나이인
17살 때,
아빠가 원정 간
동안 나라를
책임지며 외적도
물리쳤어.
국사를
맡기도 했다.

그리스 연합군을 무찌르고 패권을 차지하는 계기가
되는 카이로네이아 전투에서 알렉산드로스의
활약은 눈부셨는데…
망치와 모루 작전의
키 포인트인 망치 역할을 하는
기병대를 총책임져라!
옛!
19살

이번 전투에서 내가
헤타이로이의
대장이다.
모두
내 명령을
따르도록!
옙!!

그리스 연합군이 굳건히 진형을 갖춘 가운데,

필리포스가 지휘하는 마케도니아의 보병이 아테네인을 유인했고,

쫓아라!

승기를 잡았다!

도망가자.

그리스 진형에 틈이 벌어졌다.

이때닷!

벌어진 틈새로 알렉산드로스의 기병대가 돌진해 들어갔는데,

나를 따르라!

닥치고 돌진이닷!

앗힝!

그리고… 대승을 거두고
멀쩡히 살아남았다.
흥!

필리포스의 암살 이후,
신속하게
정적들을
싹쓸이
하고…

신속하게
국경 지대를
안정시키고
신속하게
테베의 난을
진압!

아빠의 계획을 이어받아
페르시아 원정을
추진하게 되지.
자,
이 정도면
충분한 자격
아닌가?

이 정도로는
웬만한 위인들
축에도 끼지
못한다구?
응?
뭐라고?

훗, 기준이
꽤 까칠한데….
뭐,
좋아.

본격적인 나의
활약상을 화끈하게
보여 주지!!
얍!
짜
잔-

자,
모두
주목!
딱

내가 얼마나 위대한지,
과연 신이 될 자격이 있는지 알아봤었지?
평가가 꽤 짜더군.

이번엔 내가 문제를 내 보지.
여러분 같은 평범한 인간들의 수준과 비교해 보라구.

❶ 트라키아에서의 전투
트라키아에서 적들이 기습적으로 전차를 비탈 아래로 돌진시켜 왔어.
어떻게 이 위기를 헤쳐 나가지?

❷ 델포이 신전에서
페르시아 원정 때, 델포이 신전으로 신탁을 받으러 갔는데…
오늘은 액일, 액일엔 신의 뜻을 전해 줄 수 없어요.
어떡하죠?

❸ 고르디움의 매듭
원정 중에 고르디움이란 곳의 신전에 있는 수레에는 누구도 풀지 못한 매듭이 묶여 있었어.
이걸 푸는 이는 아시아의 주인이 된다고 했소.
풀어 봐요, 풀어 봐!

❹ 난공불락의 티레
티레는 해안에서 800미터 떨어진 섬에 있는 천혜의 요새야.
바다엔 페르시아 전함들이 득시글하고…
공략이 불가능해요.

어때?
쉬워?
아니면
어려워?
실제 역사의 현장에서
이런 문제들을 만났다면,
여러분은 어떤 식으로
풀어 나갔을까?
나의 답을
들어 볼래?

❶ 트라키아
에서의 전투
두두두두두두-
적 전차는
쇄도해 오고,
시간은 촉박했지.
째깍
째깍
째깍
째깍

전차가 통과하도록
길을 열어 줘라!
밀집 대형이라
쉽게 길을
만들기
어려워요!

그럼 그자리에
누워!
엑?!
깔려
죽어요!

누운 채로 방패를 이어서
도로를 만들어 주면 돼!
ok?

콰르르르르르
병사들은 명령을 따랐고,
단 한 명의 사상자도 없었다.

② 델포이 신전에서
빨리 신탁을 받아 주시오.
액일이라서 안 된다니까요.
그래도~
안 돼요.
한번만~
안 돼요.

한 번마아아안!
참으로 질 줄 모르는 사람이군요.
턱

흠~
좋아!

그게 바로 내가 듣고 싶어 했던 신의 뜻이야!
철컥~

③ 고르디움의 매듭
못 풀겠지?
누구도 푼 적이 없지롱~
끙
끙

에잇!
칭

어때?
이렇게 매듭을 풀어도 되잖아.
맞지?

또한 배 두 척을 이어 공성 기계를 장착하고, 공격하여, 결국 7개월 만에 티레를 함락시켰다.

기원전 334년, 알렉산드로스는
그의 군대를 거느리고 페르시아를
향해 출정했다.

그리스 보병 12,500명, 마케도니아 보병 12,000명, 발칸 보병 7,500명,
그리스 기병 2,400명, 마케도니아 기병 1,800명, 발칸 기병 900명으로
총 37,100명의 병력이었다.
또한 헬레스폰트 해협 너머엔 필리포스 시절에 파견된 만여 명의
전초 부대가 기다리고 있었다.
방패지기
장창병
중장보병
나팔수
투석수
궁수
투창병

뿐만 아니라
과학자,

건설자,

작가, 예술가, 철학자,
예언가 등등의
학자들과…

하인들과 여자, 아이들까지
따라나섰다.
원정 중에
만여 명의
아이가 태어
났어요.

원정에 나설 때
준비한 식량은…
뭐라고요?
겨우
30일분?

그럼 한 달
뒤엔?
식량이
바닥나면요?
현지 조달
하자구!
빚이 꽤
되거든.

알렉산드로스는 과연
어떤 루트로 제국을
공략해 나갔을까?

페르시아 제국의 핵심은 페르세폴리스를 비롯한 수사,
엑바타나, 바빌론 등에 있었다.
엑바타나
바빌론
수사
페르세폴리스

이곳으로 곧바로 쳐들어가자니 사방의
적들에게 고립될 염려가 있었다.

일단 배후의 위협을 제거하고,
요소요소에 군사 기지와 연락선을
확보해야겠군.

흑해
그라니코스 강
그리스
페르시아
알렉산드로스는 동부 페르시아의 군대를 그라니코스 강에서 격파하고,

강력한 페르시아의 해군에 맞서,
…해상전을 하자니 우리 함대는 고작 200척밖에 안 돼요.
흠.

해상전은 어려우니깐
육지에서 싸우자구.
?

페르시아의 해군 기지와 항구를 점령함으로써 페르시아 함대를 무력화시키는 방법을 썼다.

페르시아 입장에서는 침략 행위를 보고 있을 수만은 없었다.
내가 직접 나서야겠군!
안 되겠어.
다리우스 대왕 ←

출정이다!
와와!
와와!
와글
와글
와글
너희 다 죽었어!

크흑!
다리우스 대왕은 10만 대군을 이끌고 기세 좋게 나섰지만 이수스 전투에서 대패했다.

덤으로 다리우스의 엄마, 아내, 자식들까지 알렉산드로스의 포로가 되고 만다.
어, 얘야.
여보….
아빠, 어디 가?
미안~

이 전투에서도 알렉산드로스는 언제나처럼 선봉에서 적진을 향해 돌진했고,
으랏챠챠
저놈이 대장이다!
한 놈만 패자!
저놈만 잡아!

칼, 단검, 곤봉, 돌 등등의 무기에 여러 차례 상처를 입었으나…

멀쩡하게 살아났다.
난 신이니까!
당연 하잖아!

허어.
휴~
거참.
이거야 원….

도대체
어디서 부터 잘못된 것일까?

누구 아는 사람 없어?
이해가 안 돼!

키루스 대왕님의 위업과 더불어 페르시아는 세계 최대이자 최강의 제국이었지.
세상은 넓고…
정복할 곳은 많구나!!
누구도 이루지 못한 영토와 문화를 건설했어.

페르시아 전쟁이란 말은 철처히 그리스 입장에서 나온 말이니 쓰지 않기로 하고…
빡
선대 왕들이 그리스와 벌인 전쟁보다 약간 전에 있었던 에피소드가 있어.

그리스 내의 동네끼리 치고받고 싸우다가 밀리던 동네의 특사가 우리 제국의 서쪽 끄트머리에 있는 사트라프를 찾아왔어.
우와아~
으리으리 한데?
마치 신들의 거처 같군!

그는 도움을 요청했지.
위대한 페르시아의 위대하신 대왕께서 임명하신 위대하신 사트라프여!
부디….

곰곰이 그의 말을 듣던
사트라프는 이렇게
말했어.

그대여,
그대는 도대체 누구이며 어디에서 왔는가?

저요? 우리 동네에선 유명한데….
그러니까 그 동네가 어딘데?
그리스요.
그러니까 그리스가 어디 있는데?
제가 사는 동네예요.
그러니까 그게….
세계의 중심인 페르시아의 총독에게 그리스란 너무나 하찮은, 관심 밖의 존재였던 것이지.

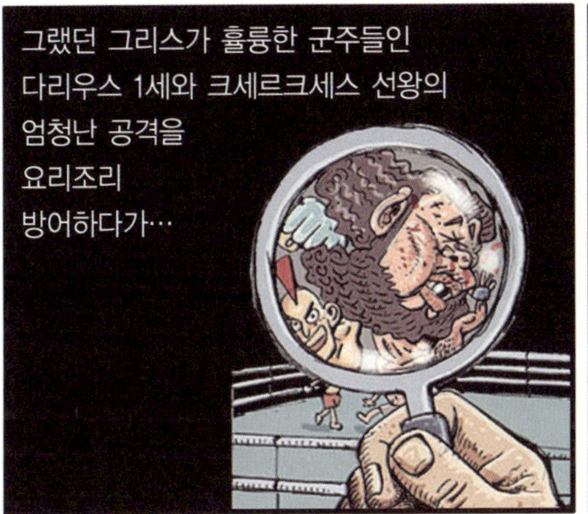
그랬던 그리스가 훌륭한 군주들인
다리우스 1세와 크세르크세스 선왕의
엄청난 공격을
요리조리
방어하다가…

이젠 오히려 페르시아를 잡아먹으려 들다니!
빠라바라빠라밤
그것도 정신과 치료가 필요한 폭주족 양아치 같은 애송이 알렉산드로스가 앞장서서 말이야!
잇힝

이수스 전투 때도 처음엔
모든 것이 괜찮았어.

파죽지세의 알렉산드로스가 열병에 걸려
그의 부대의 진군이 지연됐고,
우리 군은 적의 배후를 급습했지.

등을 보인 알렉산드로스는 당황했고,
승기는 우리에게 있는 것 같았어.

그러나 결과는 딴판이었지.
우리는 도대체 몇 만이나 죽었는지 셀 수
없을 만큼 피해를 입었는데,
알렉산드로스의 군대는 고작 450명만이 죽었다더군.

산맥과 바다 사이의 좁은 평원에서
싸운 탓에 수적 이점을 살리지 못했다는
지적이 많은데, 그것도 틀린 말은 아니지.
와글
와글
와글
이수스 만

그렇지만 내 생각엔 알렉산드로스의 괴상한 전술에
말려든 것이 더 큰 패인이라고 봐.
알렉산드로스는 그의 기병대를 이끌고 기존의 차선,
신호를 다 무시하고 폭주족처럼 닥쳐왔지.
뜨앗!
신호
위반 아냐?

참담한 패배와 줄행랑 뒤에도 난 대국의 제왕답게 존엄을 잃지 않고 알렉산드로스에게 정중하게 사절을 보냈어.
1만 탈란톤의 돈과 유프라테스 강 서쪽의 모든 영토, 그리고 공주님을 시집보내겠으니, 신의와 우정의 원칙하에…
화해하자는데요.

그럼에도 알렉산드로스 놈은,
흥!

이미 내 수중에 다 들어온 것들이야.
공주와의 결혼도 내 맘대로 할 수 있다구!
한 마디로 좋아삼~
나의 선의를 잔인하게 짓밟아 버렸어.

알렉산드로스는 내게 오직 한 가지의 길만 강요하고 있지.
그리고 난 피하지도 도망가지도 않겠어.

모든 것을 걸고 한 방의 승부를 펼치는 거야!
가우가멜라 평원에서!

제국의 끝에서 끝까지 모든 병력을 동원해서 최강, 최대의 군대를 만들 거야!!

그리고 다시는 페르시아를 넘보지 못하도록 박살을 내 버릴 거야!
내버릴 거야
거야
거야
거야
거야

이수스에서는 다리우스 3세가 친히 이끄는 페르시아군을 대파하고,
난공불락의 티레와 가자를 점령했다.

신탁에 의하면 알렉산드로스 왕은 신 중의 신이신 '암몬 신'의 아들임이 밝혀졌습니다!

뭐야? 이거 때문에 우르르 몰고 여기로 온 거야?

그건 그렇고, 대빵이 진짜 신의 아들이야?

유전자 검사라도 해 봐야 하는 거 아냐?

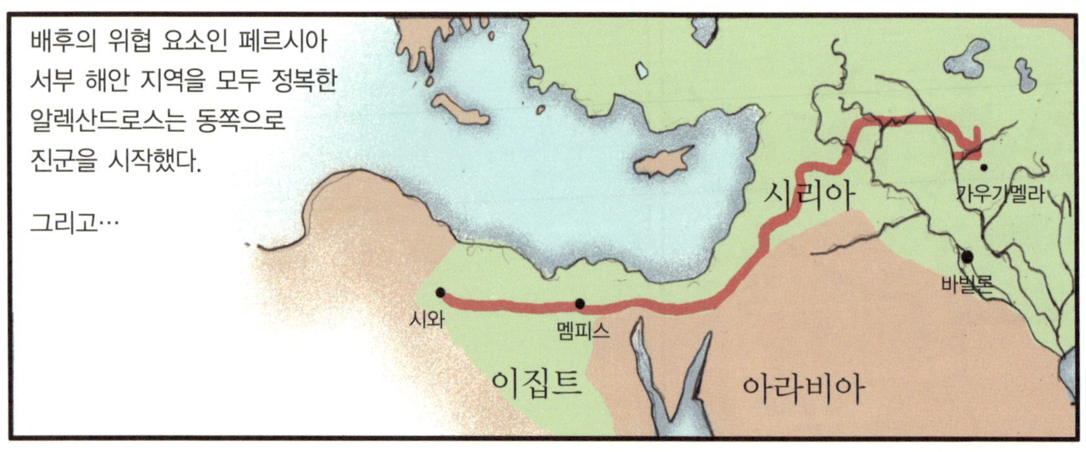
배후의 위협 요소인 페르시아 서부 해안 지역을 모두 정복한 알렉산드로스는 동쪽으로 진군을 시작했다.
그리고…
시리아
가우가멜라
바빌론
시와
멤피스
이집트
아라비아

바빌론 북쪽 가우가멜라 평원에는 이수스 전투의 패배 이후 2년에 걸쳐 와신상담을 한 다리우스 대왕의 군대가 버티고 있었다.
와신상담? 무슨 뜻이지?
어쨌든 2년간 칼을 갈았다!
번쩍
번쩍
번쩍

애송이 놈의 핵심 전력인 7,000여 명의 폭주 기병에 맞서 기병을 35,000명이나 모았지롱!
게다가 바퀴에 낫이 달린 전차가 200대!
전투 코끼리가 15마리!
각오하라구!!!

다리우스는 전차부대의 기동성을
위해 전투 예정지의 땅을 고르게
다듬었고,

알렉산드로스는 치밀한 정보 수집과
정찰 활동으로 페르시아군의 윤곽을
파악하려 애썼다.

기습당할 것을 겁낸 다리우스는
그의 군대를 완전 무장한 채
기립 자세로 밤을 지새게 했고,

이에 반해
알렉산드로스는…
야간 공격을 하면
우리에게 크게
유리할 겁니다.
→ 파르메니오
장군

나는 승리를
도둑질하기는
싫소.
…라고 그다운
말을 하며 잘
먹고 푹 잘 것을
지시했다.

그리고 결전의 날이 밝았다!

10

페르시아의 몰락, 가우가멜라 평원의 전투

기원전 331년 알렉산드로스가 이끄는 헬라스 동맹과,
페르시아의 다리우스 3세가 가우가멜라 평원에서 맞붙는다.
이 싸움에서 참패한 페르시아는 결국 몰락하고, 알렉산드로스가 제국의
새로운 지배자가 되었다. '아르벨라의 싸움' 이라고도 한다.

메에~
메에에~

푹

알렉산드로스는 생애에 있어 최대의 결전인 가우가멜라 전투에 앞서 처음으로 공포의 신 포보스에게 제의를 지냈다.
포보스여! 여기 당신께 제물을 바치오니~
당신과 제우스의 군대에겐 승리의 나팔 소리를! 페르시아군에게는 공포와 절망이 스며들기를!

꿀럭
꿀럭

→예언자 아리스탄드로스

승리의 기운이
우리에게 있도다!
와 와아아
전투 전에 알렉산드로스는
힘찬 연설을 했다.
그는 이전에 쟁취했던 승리들을
상기시키며 다섯 배나 더 많은
페르시아군의 숫자에 겁먹을
필요가 없다고 격려했다.
적군에는
서 있는 병사들이
더 많고…
아군에는
싸우는 병사들이
더 많을 것이다!

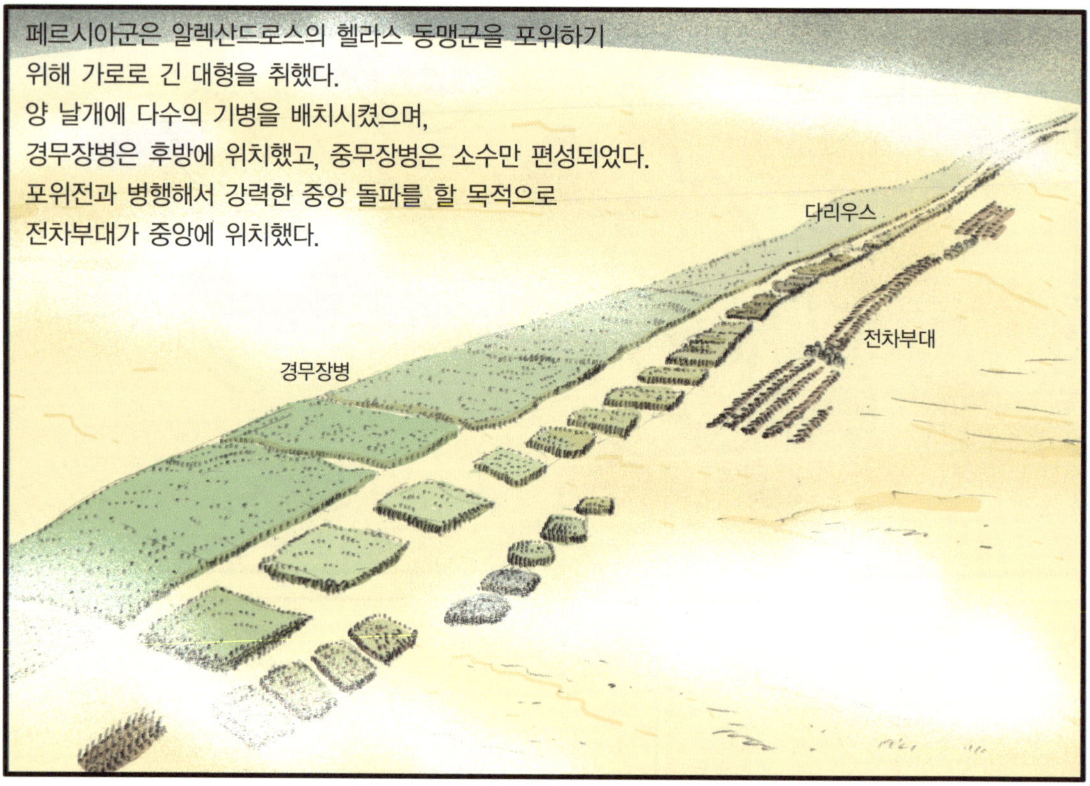

페르시아군은 알렉산드로스의 헬라스 동맹군을 포위하기
위해 가로로 긴 대형을 취했다.
양 날개에 다수의 기병을 배치시켰으며,
경무장병은 후방에 위치했고, 중무장병은 소수만 편성되었다.
포위전과 병행해서 강력한 중앙 돌파를 할 목적으로
전차부대가 중앙에 위치했다.

다리우스

전차부대

경무장병

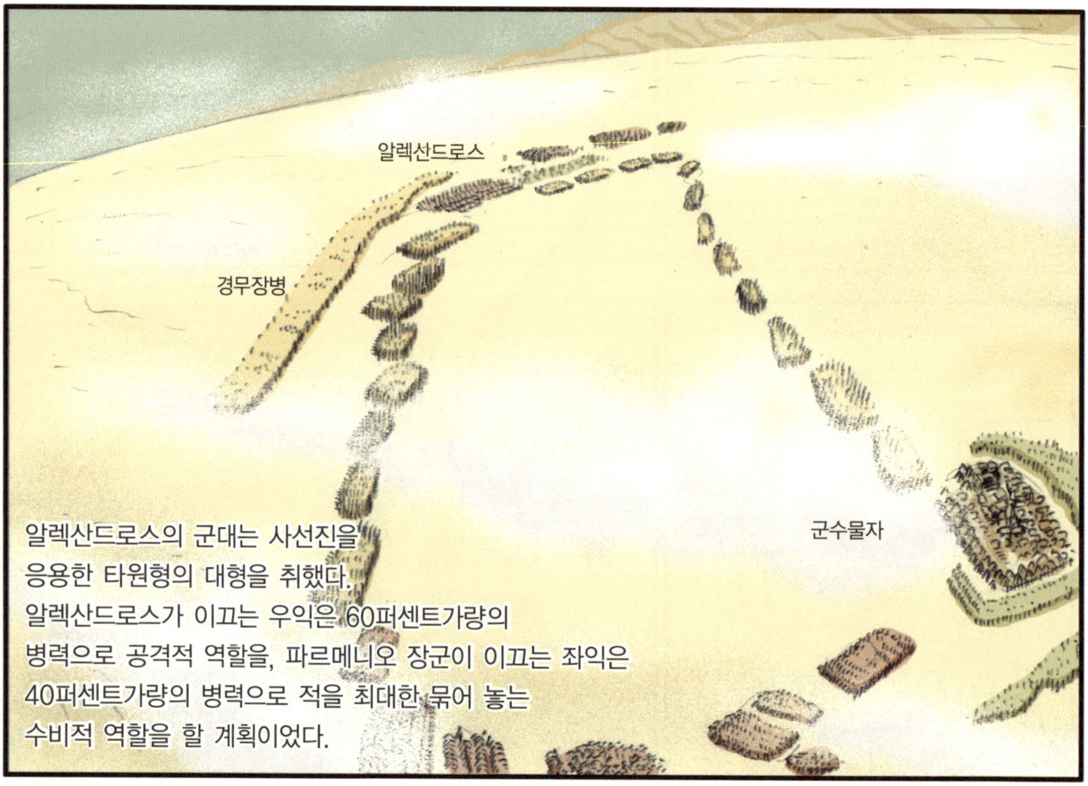

알렉산드로스

경무장병

알렉산드로스의 군대는 사선진을
응용한 타원형의 대형을 취했다.
알렉산드로스가 이끄는 우익은 60퍼센트가량의
병력으로 공격적 역할을, 파르메니오 장군이 이끄는 좌익은
40퍼센트가량의 병력으로 적을 최대한 묶어 놓는
수비적 역할을 할 계획이었다.

군수물자

알렉산드로스는 그의 기병대를
오른쪽으로 길게 이동시켰고,

다리우스는 알렉산드로스 격파의 임무를
맡긴 페르시아 좌익 기병을 출격시켰다.

그리고 중앙에서는 궁수들의
화살 공격에 이어, 200대의
낫이 달린 전차들이 평원을
질주하기 시작했다.
이이히힝-
히힝-
히이잉~
타샤!

두두두두두두두두두두두

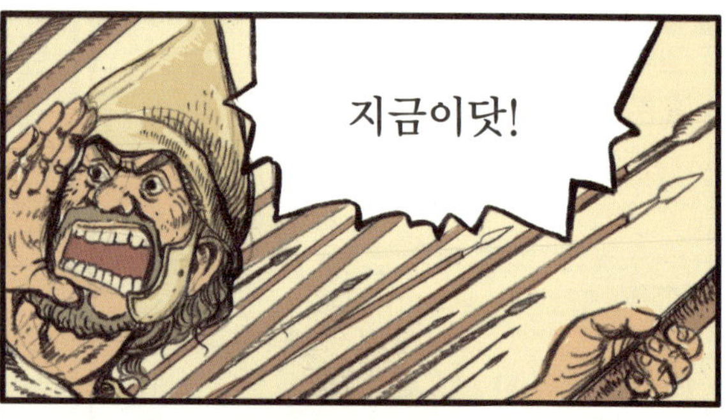

장창병들이 벌린 대열 사이로 통과하던 전차들은 경무장병들의 공격을 받거나 고삐를 뺏긴 기사들이 끌어 내려진 채 무력화됐다.

다시 페르시아의 양쪽 날개가
펄럭이며 알렉산더군을
압박해왔다.
뿌우우
뿌우~
이히힝~
히힝~

어떡하죠? 포위당하겠어요.
할 수 없지. 우리의 병력이 절대적으로 열세니까.
예? 그럼 얼마 못 가 몰살당할지도 몰라요.
버티는 데까지 버텨 보자구.

적은 병력으로 편성된 알렉산드로스의
좌익은 백전노장 파르메니오의 지휘 아래
그야말로 악전고투를 벌였다.

알렉산드로스가 이끄는 우익 역시 압도적인
페르시아군의 포위 공격을 허용할 지경이었으나…
두두두두두-
두두두두-

망치와 모루 작전을 본격적으로
가동하기 시작했다.
왕의 친구들이여!
나를 따르라!
탁!

헬라스 동맹군을 포위하기 위해
길게 둘러 쳐진 페르시아 진영의
한 부분을 알렉산드로스의 중무장
엘리트 기병들이 찔러 들어갔다.

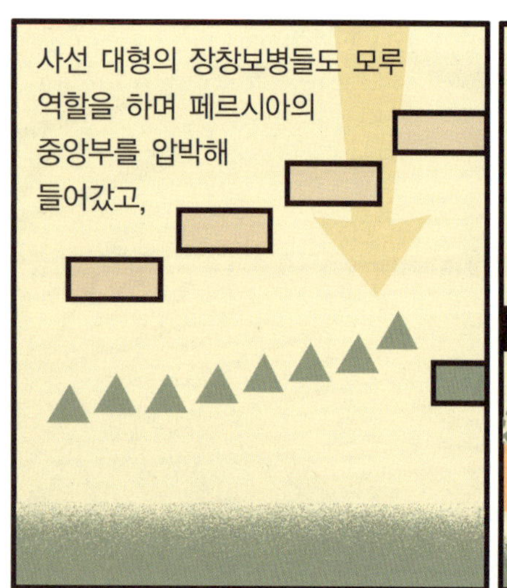
사선 대형의 장창보병들도 모루
역할을 하며 페르시아의
중앙부를 압박해
들어갔고,

포위를 돌파한 알렉산드로스의
기병들도 중심부를 향해 망치처럼
돌격했다.

자신이 망치가 내려쳐지는 모루 위에 있다는 것을 알아챈 다리우스 대왕,

같은 전법에 또 당하다니!

참을 수 없다!

포위망을 단단히 하고, 후방의 5만여 경장부대를 투입시켜라!

코끼리도 출동하고, 좌익은 안행진, 우익은 팔문금쇄진을 펼쳐라!

그리고… 알렉산드로스 녀석은…

내가 직접 상대하겠다!

한판 붙자! 애송이!

2년 동안 갈은 칼 맛 좀 봐라!

…라고 하면 좋겠지만 그럴 순 없지!

뭐니 뭐니 해도 내 목숨보다 소중한 건 없으니까!

전세가 불리해진 것을 느낀 다리우스 대왕은 잽싸게 삼십육계 줄행랑을 치고 만다.

많은 병력의 페르시아와 적은 병력의
헬라스 동맹의 가우가멜라 싸움은…

수많은 다른 전투와 같이
포위를 하느냐 이를 저지하느냐의
싸움이었다.

다리우스는 포위를 시도하기 전,
일단 정면으로 스트레이트
펀치를 날렸고
탁

대비책을 마련한
알렉산드로스에게
막혀 버렸다.

잇달아 본격적인
포위 압박이 있었고,

알렉산드로스군의 좌익은
붕괴 직전에 이르게 된다.

보통의 전투는
물량과 힘에서
앞선 이런
포위, 조이기가
승리를 가져다
주기 마련이지만

알렉산드로스에게는
일격필살의 오른손
펀치가 있었다.

이야
아압!

이 망치 같은
펀치 한 방으로 전투는 끝났고
운명은 결정지어졌다.
세계 최대의 제국은
종말을 고했고,
모든 것은
알렉산드로스의 차지였다.

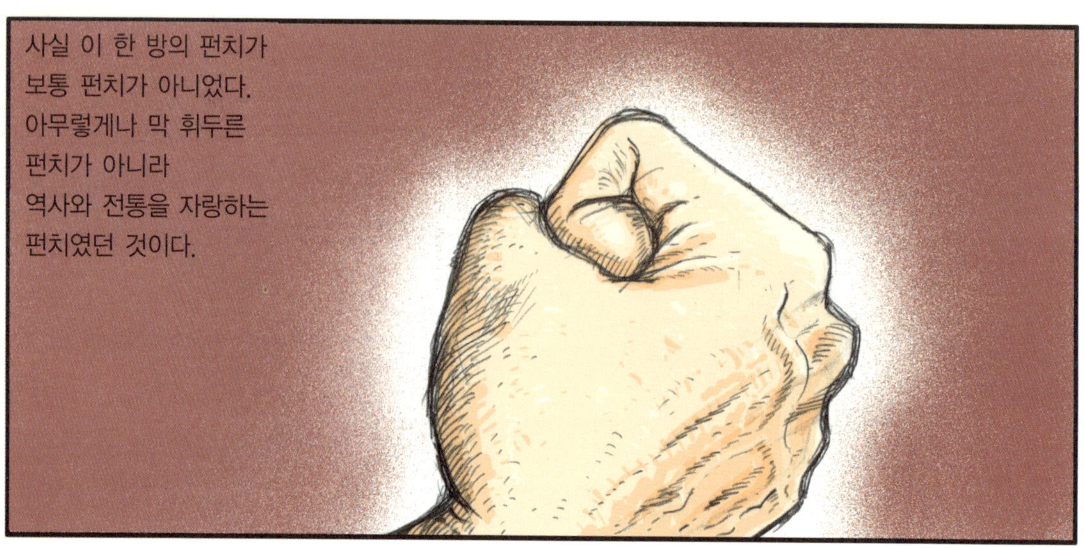
사실 이 한 방의 펀치가
보통 펀치가 아니었다.
아무렇게나 막 휘두른
펀치가 아니라
역사와 전통을 자랑하는
펀치였던 것이다.

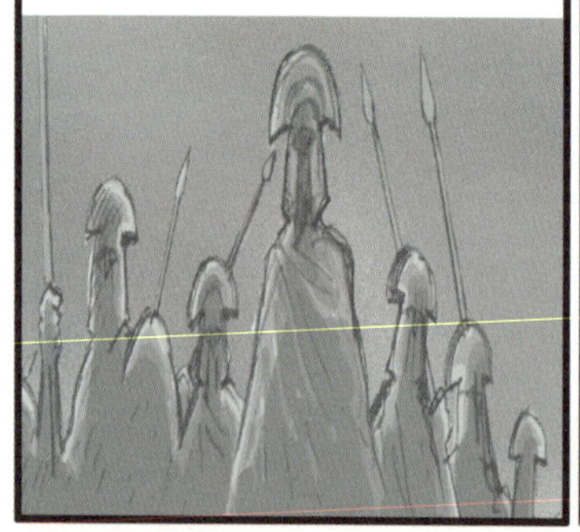
전통적으로 그리스
문화권에서 단 한 장의
필승 카드라고 할 수 있던
중무장 보병의
강력함에 힘을 집중시켜,

약한 부분은 숨기고 강한
부분으로 선공,
능히 다수의 적을 격퇴시킬
수 있는 에파미논다스의
신묘한 전술인 '사선진'.

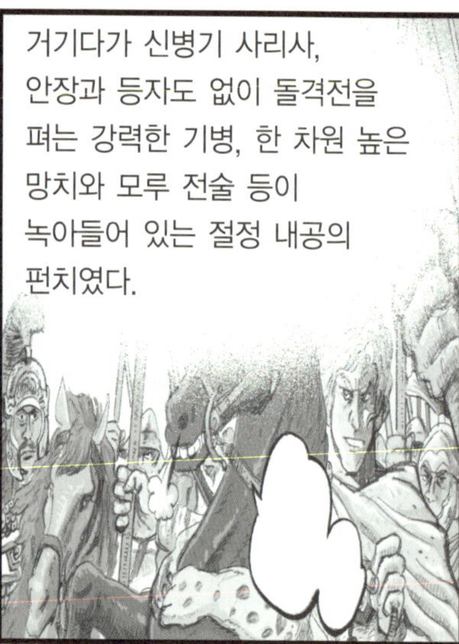
거기다가 신병기 사리사,
안장과 등자도 없이 돌격전을
펴는 강력한 기병, 한 차원 높은
망치와 모루 전술 등이
녹아들어 있는 절정 내공의
펀치였다.

이 한 방에 다리우스는 줄행랑을 치고,
제국을 내어 주게 되는데,
한편으로 아쉬움도 많은 전투였다.
왜? 다리우스는
알렉산드로스의
펀치에 정타를 맞지도
않았고,

그저 바람을
가르는 소리에 지레
겁을 먹고 도망가
버렸기 때문이다.

그때까지만 해도 페르시아 진영은 건재했고,
오히려 헬라스 동맹군의 좌익이 붕괴 위험에 있었다.
더구나 페르시아에는 예비 병력도 가득 있었다.
그런 이점을 다 날려 버리고, 초반에 싱겁게 기권함으로써,
가우가멜라 전투는 그 중요성에 비해
맥 빠진 승부가 됐던 것이다.
다리우스가 조금만 더 현명했거나 강단이 있는
사람이었다면, 역사는 달라졌을지도 모른다.

흥!
잘난 척 하기는….

이후 3년에 걸쳐
알렉산드로스군은
페르시아 동북부의 험지에서
힘든 산악 전투를
펼쳐 나갔다.

히유우우~
하아아아~

필리포스 선왕 때부터 어언 30 여 년….
수많은 전투가 있었지.

마케도니아로부터 그리스, 소아시아, 시리아, 이집트, 메소포타미아…
육지와 바다와 고갯길과 사막….

마지막으로 페르시아 동쪽의 험난한 산악 지대까지!
수많은 전장에서 온갖 종류의 적들과 맞서 별의별 전투를 다 치렀지!
그리고 승리했고, 살아남았어!

이제 진짜 드디어!
맘껏 즐길 수 있겠어요!
잇힝~
후훗!

거의 그렇지.
거의?
이건 또 웬 불길한 뉘앙스 입니까요?

자, 자
인상들 펴!

알렉산드로스는 동쪽으로
더욱 더 나아가고 싶어 했다.
기왕 동쪽으로
온 김에
인도까지 쓸어
버리자구!
......
젠장~

그리하여 동쪽 구석에
있다는 나라인 인도를
점령하고,
세상의 끝에 있다는 무한의 바다를 보고 싶어했다.

알렉산드로스는 인도가 어떤 나라인지, 그곳의 기후와 풍토와
사람들에 대해서 거의 몰랐다. 그는 인도를 얕봤고,
가볍게 점령하리라고 생각했다.
뭐, 굳이
알 필요 있겠어?
난 천재 신
인걸~
게다가 수많은
전장에서 살아남은
최고의 베테랑 부하
들이 있잖아.

이런 자만이 원정을
더욱 험난하게 했다.
쿠르릉-
쿠릉-

전염병이 돌기도 하고, 폭우로 물이 불어나고 물살이 빨라져서 강을 건너기도 어려웠다.

세상은 알렉산드로스가 품은 것보다 더욱 넓었고, 그가 예측한 범위를 넘어선 난관들이 불쑥불쑥 그의 앞길을 가로막았다.

11

역사는 승자의 기록

거침없는 정복 전쟁을 벌이던 알렉산드로스는 인도 북부에서 부하들의 항명으로 꿈을 접고 회군한다. 이후 젊은 나이에 죽었지만 그의 위업은 살아 있을 때부터 그를 신의 반열에 올려놓았다. 다른 모든 승자들도 마찬가지인데, 자신들의 승리를 입맛에 맞게, 정당하고 거룩하게 윤색했다. 패자는 말이 없기 때문이다.

"그대는 늘 바쁘지만 모든 것이 허사라오.
먼 길을 떠나온 여행도
그대 자신이나 다른 이들에게
폐만 끼칠 뿐이라오."

–인도 현인의 말
(아리아노스, 《알렉산드로스의 원정》 중에서)

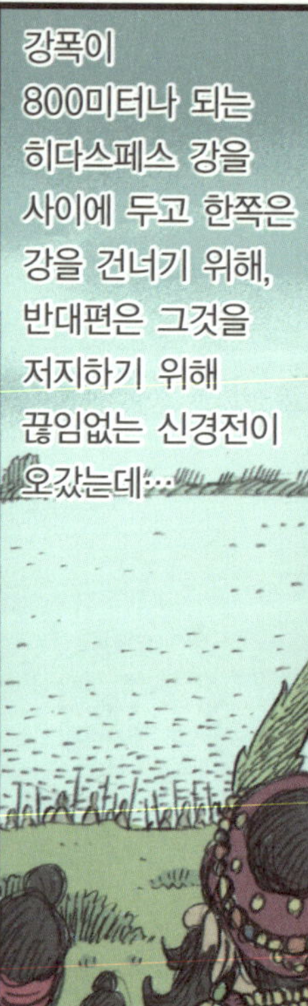

그런데 포루스의 진영에는
코끼리가 무려
100여 마리…
뿌우우~
부대의 전면에 배치되어
적극적으로 활용되었다.

흥!
적극적으로
활용되어
봤자지!

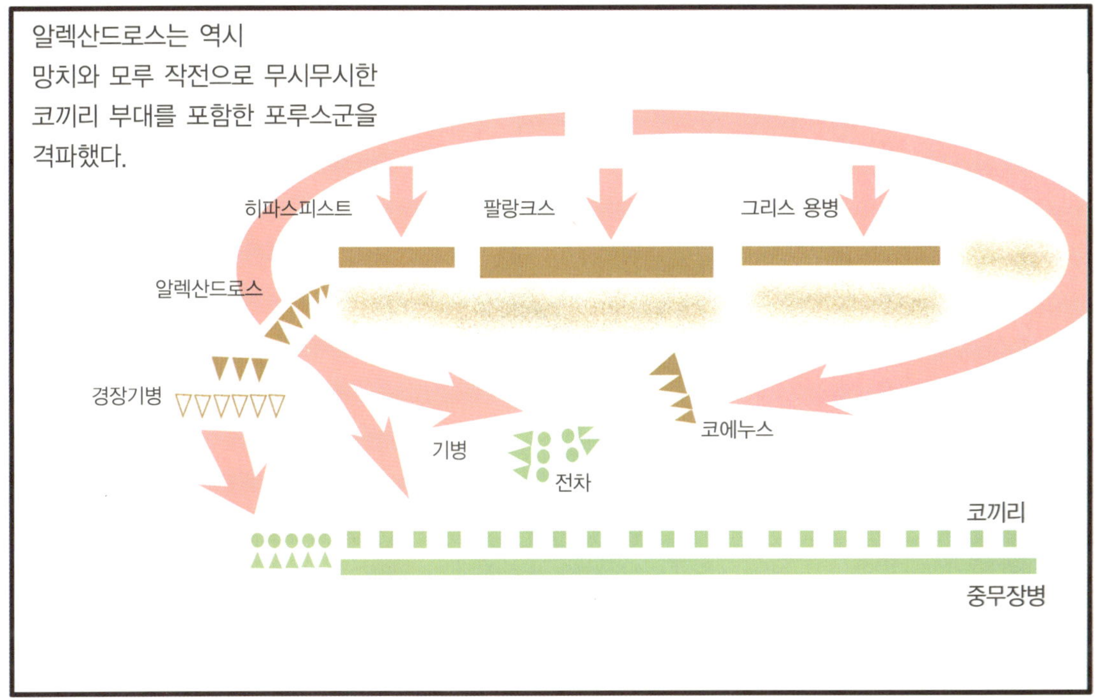
알렉산드로스는 역시
망치와 모루 작전으로 무시무시한
코끼리 부대를 포함한 포루스군을
격파했다.
히파스피스트
팔랑크스
그리스 용병
알렉산드로스
경장기병
기병
전차
코에누스
코끼리
중무장병

알렉산드로스는 승리의 기세를
이어서 거침없이 나아가고
싶어 했는데,
나는
천하무적
이야!
내 앞을 가로
막는 어떤
난관도 헤쳐
나갈 수
있다구!

진짜 난관은 그의 앞이
아닌 뒤쪽에 있었다.

알렉산드로스에게 패한
포루스는 이렇게
말했고,
우리
인도에는
수천 마리의 코끼리와
수만의 군대를 거느린
왕국이 많이 있소.

요 너머
크산드라메스
제국에만 40만 대군과
수천 마리 코끼리
부대가 있대.
우리가 물론
최강군이지만
그 많은 적들을
다 이길 수
있을까?
한 번만
삐끗하면
끝장
이라구!
지독한 비에다
울창한 밀림, 사막,
벌레들, 전염병,
독사, 악어…
거기에
수많은 적군까지!
평생 싸움만 하다
죽는 거야?
우리가
터미네이터야?

결국 펀자브 지방의
히파시스 강을 건널 때,
자, 강을 건너자!

싫어요오오오오—
항명 사태가
벌어졌다!

병사들은 집에 가고 싶어 합니다.
성공한 사람은 언제 멈출지를 알아야 합니다.

알렉산드로스는 성난 얼굴로 막사에 틀어 박혀 한 마디도 안 했다.

하루…

이틀…

사흘째 되는 날,
그래…
좋아.

집으로
돌아가자.

와아아아아아
B.C. 326년 8월, 알렉산드로스는 원정을 포기했고, 꿈을 접었다. 그의 나이 서른 살 때였다.
뭔일이여?

전략, 전술의 천재이자 용맹무쌍하고
한편으로 엄청나게 운이 좋기도 했던
알렉산드로스는 그의 앞에 놓인
모든 장애물을 뛰어넘었다.
그러나…
앞만 보고 질주하다 보니
뒤에 있는 진짜 장애를 극복하지
못했고, 결국 뒷덜미를 잡혀
주저앉는 형국이 되었다.

귀환하는 길은
올 때보다
훨씬 험했다.

B.C. 325년 2월,
알렉산드로스는 말리아족을
공격하다 화살에 폐가 뚫려
죽을 고비를 넘겼다.

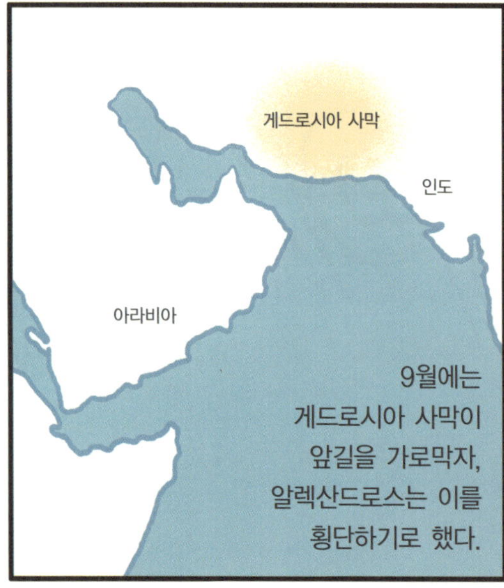
게드로시아 사막
인도
아라비아
9월에는
게드로시아 사막이
앞길을 가로막자,
알렉산드로스는 이를
횡단하기로 했다.

사막을 지나는 데는 장장 60일이 걸렸고,
전투에서 죽은 병사보다 더 많은 병사가
굶주림과 갈증으로 죽어 갔다.

우여곡절 끝에 수사를 거쳐 바빌론으로 귀환한 알렉산드로스.
딱
주목해 봐!

페르시아로 귀환한 이후 대대적인 숙청과 토목공사…
마케도니아인과 페르시아인의 민족 융합을 위해 힘쓰느라 바빴어.

제국의 내실을 다져 반석 위에 올려놓는 통치…
좋지, 아주 좋은 거야.

그렇지만 그건 역시 내 스타일이 아냐.
알렉산드로스 하면 뭐니 뭐니 해도 정복왕!
정복왕 하면 알렉산드로스!!
미지의 세계를 끝없이 정복하는 것이 내 삶의 목표라구!

에, 그래서…
이번에도 재미있는 원정 계획을 짰어.
삑

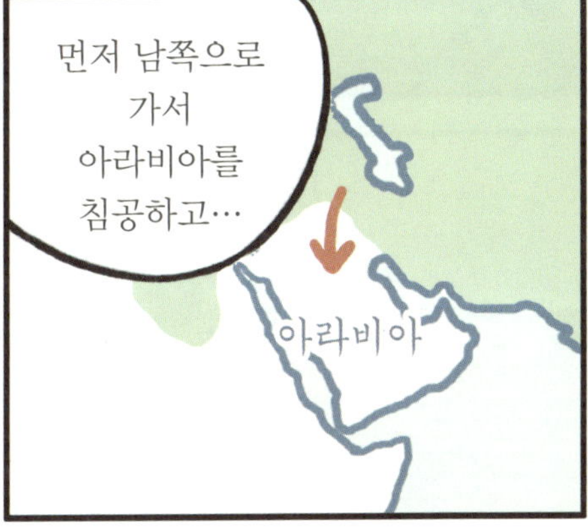
먼저 남쪽으로 가서 아라비아를 침공하고…
아라비아

아프리카를
빙 돌아서…

카르타고의 영향
아래 있는 북아프리카
해안을 정리하고…

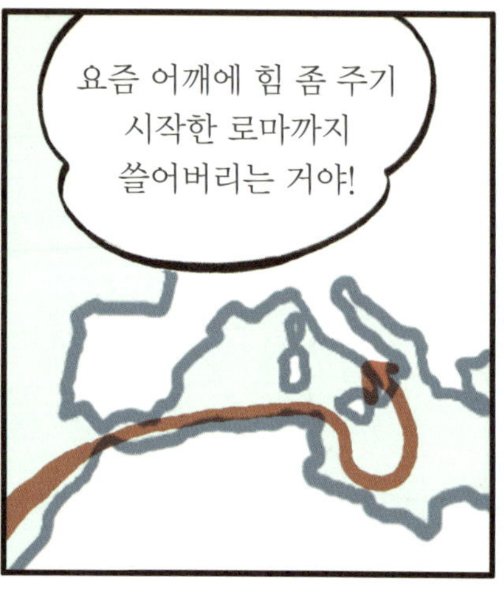
요즘 어깨에 힘 좀 주기
시작한 로마까지
쓸어버리는 거야!

특히 장차 대제국으로
성장할 로마와,
헤라클레스에 버금가는
무적의 천재 신이신
알렉산드로스 님이
이끄는 군대와의
한판 승부!
어때?
재밌겠지?

수많은 영화 제작자,
작가, 시인, 만화가
등에게 영감을
제공할 것 같지
않아?
이 승부야말로
훗날 수많은 역사,
군사 마니아들을
흥분의 도가니에
빠뜨리고,

그리고
놀라지 마.
이것도
예고편에
불과해.

더 스펙터클하고 판타스틱한 멋진 모험을 계획하고 있으니까~
궁금하지?
가르쳐 줄까?
근데 그 많은 모험을 다 할 수 있겠느냐고?
내 나이 이제 겨우 서른두 살, 시간은 충분하다구!
쯧쯧, 충분하긴 뭐가 충분해?
어, 아빠?
돌아가신 분이 여긴 웬일이세요?
내가 간 게 아니라 네가 온 거야, 이놈아!
헉!
전투 중에 화살이나 창을 맞은 것도 아니고…
늙어서 죽은 것도 아닌데…
말도 안 돼요!
며칠 동안 잔치를 벌여 술독에 빠져 있다가…
갑자기 열병에 걸려 이리 되더군.
아마 말라리아였을걸?

알렉산드로스가 열병에 걸리고 그 병세가 심상치 않게 되었을 때…

사람들의 가슴속에는 커다란 물음이 풍선처럼 부풀어 갔다.
물음?
대왕께서 언제쯤 낫는가 하는 거?
아님 치료약은 어떤 게 있을까 하는 거?

멍청하긴! 그게 아니야.
후계자는 과연 누가 될 것인가 하는 것이지.

죽기에는 알렉산드로스가 너무 젊었고, 왕비 록산나는 갓 임신을 한 상태였다.
왕가에도 마땅한 후계자가 없어.
대왕께서 왕위에 오를 때 경쟁자를 깡그리 정리했기 때문이지.
그렇다면…
만약 대왕이 이대로 죽는다면 그 후계자는…

바로 내가 딱 맞는 적임자 아닌가?
…이것이 문제였다.

알렉산드로스는
이들의 야망에
기름을 부었으니…
대왕!
후계자는
누구를?
왕국을 누구에게
승계하시
겠습니까?

………

가장
힘센
자에게….

가장
힘센 자?

바로 나잖아?

필리포스로부터 알렉산드로스까지,
동고동락하고, 진한 전우애를 다지며
신화적 위업을 달성했던 영웅들…

이들이 서로서로
어제의 전우에게
칼을 휘둘러 대기
시작했다.
크헉!
어떻게
네가
나를…?
아악!
헉,
너마저….

쟁쟁한 실력자들이
하나둘씩 쓰러지고,

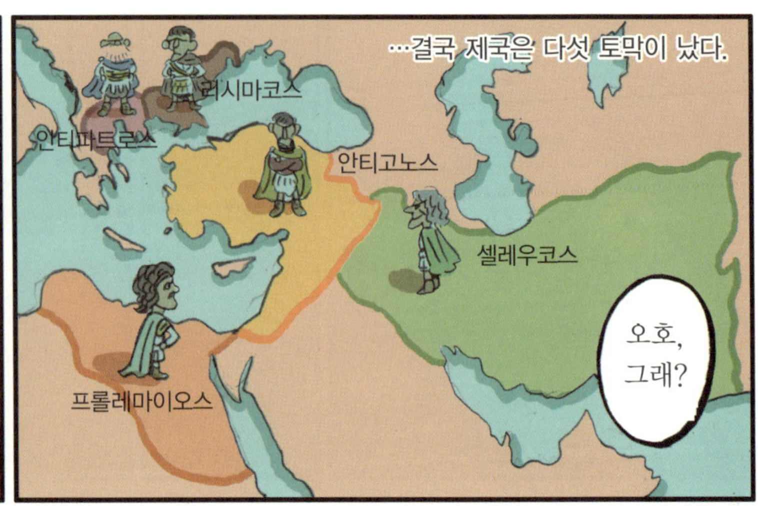
…결국 제국은 다섯 토막이 났다.
리시마코스
안티파트로스
안티고노스
셀레우코스
프톨레마이오스
오호,
그래?

그렇단 말이지?
알렉산드로스 놈은
요절하고, 부하들은
사분오열되었단
말이지?
아,
그렇
다니깐~

이거야말로
천재일우의
기회야!
그렇게
잘난 척
하더니~
우하핫!
알렉산드로스
녀석 꼴좋다

자유를
위하여!
이들을
몰아내고
옛 영광을
되찾자구!

알렉산드로스의 죽음에 고무된 아테네는
테살리아, 아이톨리아인과 동맹을 맺고
봉기했지만,
와~ 와~

무참하게 패배하고 만다.

분열된 제국에서 가운데에 위치한 안티고노스의 야심이 제일 컸다.
나 정도면…
나머지를 쓸어버리고 제왕이 될 자격이 있는 거 아냐?

그러자 나머지 네 명이 연합을 했고,
어디 보자!
자격이 있는지!
꾸엑!
기원전 301년 입소스 전투에서 안티고노스를 죽여 버렸다.

이후 제국은 강력한 패자의 출현 없이 합종연횡, 이합집산을 반복할 따름이었다.
나중에 우리가 싹 정리해 버리지롱~
로마

그렇다면…

왕비 록산나의 배 속에 있었던 알렉산드로스의 유복자는 어떻게 되었을까?
다행히
건강하게 태어났어요.

그러나…

12살 어린 나이에 록산나와 함께 죽임을 당했다.
호랑이 새끼는 더 크기 전에 싹을 잘라 버려야지!
아빠는 왜 괜히 온갖 땅을 정복해서 우릴 이 꼴로 만든 거야?
세계 최강의 남자에게 시집왔는데 이런 최후라니….
또한, 권력 투쟁의 과정에서 알렉산드로스의 친족도 모두 죽임을 당했다. 위대한 정복의 대가치고는 쓰디쓴 것이었다.
그의 정복은 과연 누구를 위한 정복이었고, 과연 무엇을 위한 정복이었을까?

악한 인간일수록 훌륭한 군인이다.
-나폴레옹

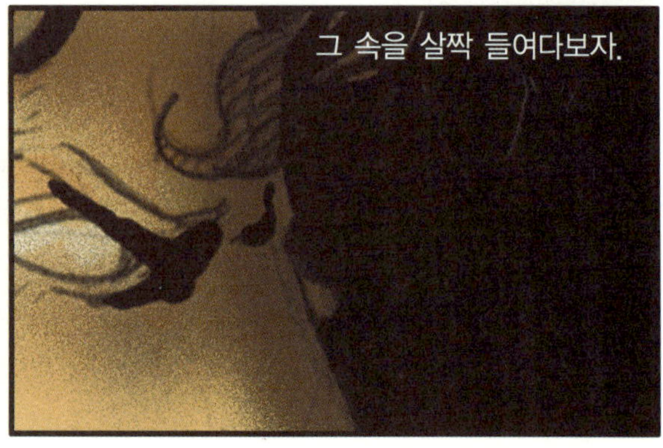

알렉산드로스는
10대 이전에 벌써 그의
천문학 스승을
죽였다고 한다.
컥!

위대한 군주였던 아버지
필리포스 2세의 암살
배후로 의심되기도 하며,
너,
너냐?
글쎄요?

왕권 경쟁의 잠재적 경쟁자들을
모두 제거했다.
날씨 참
좋다.

테베를 진압하면서 6,000명을 도륙하고,
유서 깊은 폴리스를 말살해 버렸고…

티레에서도 무자비한
학살을 이어 갔다.
웃기는군.

너무 엄격한
잣대를 들이대지
말라구.
소수 정예로 위업을
이루려면 공포 전술은
필수야!
남들도
다 한다구~

다리우스를 무찌른 뒤 B.C. 330년,
페르세폴리스에서 넉 달을 지낸 알렉산드로스는
술에 취한 채 그 아름다운 도시를
불태워 버렸다고 한다.
그거야
뭐…
페르시아가 옛날에
아테네를 불태운
것의 응징이라고
이해해 줘.

또한
기병 지휘관인
필로타스를
고문했고,
으아아악!
재가 날
암살하려
했다구.
증거?
지금은
없지만
믿어 줘.

처형해 버렸다.
역적이라니까!
푹

필로타스의 아버지는 알렉산드로스군의
좌익을 주로 책임졌던 대장군 격인
파르메니오.
가장
어려운
일들을
처리했지.
알렉산드로스의
영광을 위해

역적의
아비니까!!
그 대가가
이거라니
믿어져?

최측근
지휘관이었던
클레이토스,
난 역적
혐의도
안 받고,
그
가족도
아니니깐.

꾸엑!!
부렉!
아빠가 나보다
낫다고
지껄이다니!
그도 만취한
알렉산드로스에게
죽임을 당했다.

인도 원정을 끝내고 돌아와서 벌인 숙청 작업도
'과연 그렇게까지 해야만 했을까?' 하는 생각이
들 정도로 가혹한 것이었다.
왕권 강화를
위해선 필요한
조치들이었어.
너희들도
내 입장이
돼 봐.

알렉산드로스는
그리스를 위한 싸움을
한다고 했지만, 그를 위해
싸운 그리스인보다
그에 맞선
그리스인이
훨씬 많았다.
바르바로이
녀석, 걔는
그리스인이
아냐!
뭐가 예뻐서
애송이를 위해
싸워?

말이 나와서
말인데
처음에 페르시아
전쟁의 복수를
하자는 명분으로
원정을 시작했는데
사실
페르시아
전쟁 당시
마케도니아는
그리스가 아닌
페르시아
편이었지.
맞아
맞아
그랬지!

역사는 승자의
기록이라고도
한다.

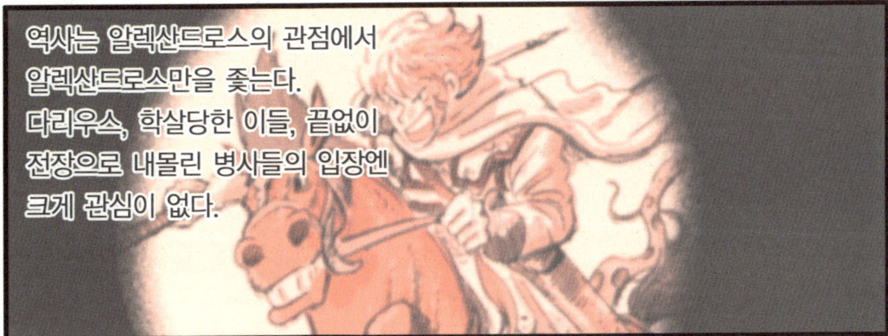

왜냐?

기록이
말해
주거든.

바로 이게
핵심이야!

나의 영광을
시기하려면
반대 측도
제대로 된
기록을
남기던가~

추측,
정황만으로
누명을
씌우는 건
곤란하지
않아?

증거가 되는
명확한 기록이
있으면 나를
욕하고,

없으면…

그냥 나를
찬양하면
되잖아!

난
자격이
되거든!

신이니까!

……………

역사는 승자의 기록이다!

역사는 승자의 기록이다…
…맞는 말이다.

역사는 승자에 의해
만들어진다.

패자는…
말이 없는 법.

승자는 자신의 승리에 정당성을 부여하고
패자의 명분은 주목받지 못한다.
승자는 자신의 승리를 위대하고
거룩하게 만든다.
아, 글쎄 거기서 산만 한 덩치의 깡패 17명이 시비를 걸며 덤비는데~
그렇다고 내가 당하고 있을 사람이야?
너희들도 알잖아?

트로이 전쟁을 예로 들어 보자.
목마와
숙녀가
핵심 아이콘
이지.

트로이 왕자 파리스가 스파르타의 왕비 헬레네를 유혹해 가고,
이에 아가멤논을 위시한
그리스 연합군이 1,000척의
배를 타고 가서 트로이를
공격하는 이야기다.
1870년, 하인리히 슐리만의
유적 발굴로 트로이 전쟁은
실재했던 것으로
받아들여진다.
꿈☆은
이루어진다!

호메로스의 서사시 〈일리아드〉에
따르면 그리스 측에서 5만의
원정군이 출정했으며
10년 동안 전쟁이
계속되었다고 한다.
여러 매체를 통해 수없이 재구성
되어지는 트로이 전쟁은 장엄하며
스펙터클하다.
그런데…

당연히 웅장하게 생각되는 10년
공방전의 주무대인 트로이 성의
발굴 모습을 살펴보면,

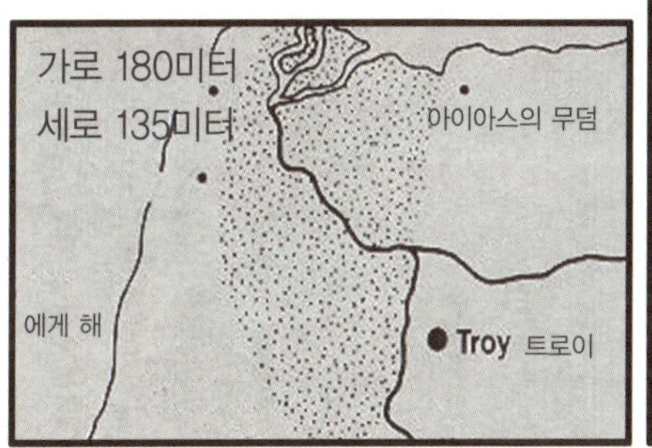
가로 180미터
세로 135미터
아이아스의 무덤
에게 해
Troy 트로이

쉽게 말해 웬만한
초등학교만 한
것이다.
도피구
궁전
서문
0
50m
정말이삼?
농담 아니삼?
지금 초딩이라고
무시하나연?

상상해 보자.
혹시 장엄하고 거대한 이미지를 가지고 있는 트로이 전쟁이…

초등학교만 한 작은 성에 몇몇 그리스 해적 떼들이 가서 티격태격한 것이라면?
투닥
투닥탁
와, 와와,

그것이 점점 부풀려진 것이라면?
아, 글쎄 우리 편 5백 명,
아니 5천 명, 아니 5만 대군이 말야~
우와

멍청하고 무능한 이미지로 각인되는 다리우스 1세나 크세르크세스 대왕 등이…
멍청?
무능?

실제로는 굉장히 똑똑하고 뛰어난 군주들이었다면?
왕위를 찬탈하긴 했지만
반란을 진압, 어진 통치를 하고,
법전 정비, 조세 개혁, 각종 표준화 · 규격화 작업, 육 · 해로 개척, 수많은 건설 사업, 민족 화합 정책 등등… 업적이 수없이 많지!!
나도 나름대로 잘했어.

헤로도토스 같은 역사가들이, 그리스에 쳐들어온 페르시아군이
무려 170만 대군!
게다가 수송선을 뺀 함대가 1,207척!
가우가멜라에선 페르시아 쪽에 100만 대군이 모였지.
…라고 했는데,

실제로는 훨씬 적은 병력이었다면?
170만? 뻥이 너무 심한 거 아냐?
가우가멜라 평원에 백만 명이 기동을 할 자리나 있남?

후세에 전해진 역사의
기록은 매우 가치 있는
것이지만 어쩔 수 없이
혹은 의도적으로

특정 시기, 특정 사건 및 인물에
스포트라이트를
집중한다.

이 스포트라이트는 때로
그늘을 지워 버리기도 하고
속임수를 쓰기도 한다.
그리고 무엇보다…

스포트라이트 밖의 다른 견해,
다른 가치 있는 것들을
가리기도 한다.
와와
옵빠-

한번쯤,

이 밝은 빛을 꺼 본다면…
딸칵-

또 다른 풍성하고 아름다운 광경을
볼 수 있지 않을까?

B.C. 326년으로 돌아가 보자.
5년 전, 가우가멜라 전투에서 다리우스를 무찌른 알렉산드로스는
이후 페르시아 동북부의 부족들을 복속시키며 진군하고,
그의 꿈인 끝없는 대양을 보기 위해 힌두쿠시 산맥을
넘어 인도로 향하게 된다.

그는 인도로 가는 여정에서
여러 현자들을 만났고, 그들과의
대화를 통해 견문을 넓히려 애썼다.

여기서 상상을 해 보자. 알렉산드로스가
한 현자를 만났다는 상상이다. 장소는
탁실라 인근의 어느 갈림길쯤으로 하자.

현자여, 나는 제우스
암몬 신의 아들,
아시아의 왕,
페르시아 미래의 황제,
알렉산드로스
대왕이다.

이 길로 가면
인도가 나오는가?

다섯 개의 강과
끝없는 밀림,
수많은 왕국들,
또 다른 강들과
밀림과 밀림…
또 수많은
왕국들이
있다오.

그
너머엔?
광활하고
아득한
바다가
있소.

역시!
그렇다.
바로 나의
동방 원정의
목적지가
거기에
있었도다!

가자!
히힝
나그네여!

그대는 늘 바쁘지만
모든 것이 허사라오.
먼 길을 떠나온
여행도 그대 자신이나
다른 이들에게 폐만
끼칠 뿐이라오.

충고
고맙소.
역사적 사실에 가까우려면
알렉산드로스는 이대로
세상의 끝을 향해 진군을
해야 한다.

그런데
이 순간 그가
무엇인가를 깨달았다면,
그 티끌 같은 실마리를 보고,
무한한 상상력과
탐구심으로 가득한
그의 머릿속에 한 가지
물음이 생겨났다면
어땠을까?

현자여,
갈림길의 저쪽 편은 어디로 이어져 있는가?

또 다른 세상,
세계의 왕인 그대가 품은 꿈과 다른 세계가 펼쳐져 있다오.

오호라!

진정 처음 듣는 이야기로다!
히히힝~

다그닥
다그닥-

내가 이때까지 정복한 수많은 곳들은 모두가 이전에 듣고 상상한 세상의 범주를 크게 벗어나지 않았다.

그런데 이제껏 듣고 상상하고 꿈꾸던 것과, 또 다른 세상이 이 너머에 펼쳐져 있단 말인가?

현자여,
저쪽 세상엔 과연 무엇이 있는가?

그대의 상상을
넘어선,
하늘에 닿은
산들.

그대가 정복한
나라보다 더
많은 나라들.
그대가 평생 보아
온 것보다 더 많은
사람들.
그대의 상상을
넘는 무한한
보물들.

그대 평생 보지
못한 끝없는
밀림, 혹은
거대한 강들.

그대가 디딘
땅들보다 더
넓은 땅들.

어쩌면 알렉산드로가
거쳐 간 곳 중에 있었을지도
모르는 갈림길,
그 너머엔 알렉산드로스
당대엔 상상하지 못했던
또 다른 세상이
있었으니….

많은 영웅들과 수많은 전쟁의 역사

이 책은 페르시아 전쟁과 알렉산드로스의 이야기가 가장 큰 줄기를 차지하고 있습니다.

페르시아 전쟁이 B.C. 492년에 발발해서 13년 뒤쯤에 끝납니다. 펠로폰네소스 전쟁은 B.C. 431년에 발발해서 27년 뒤인 B.C. 404년에 끝나고요, 10년쯤 뒤에 코린트 전쟁이 있고, B.C. 338년에 마케도니아가 패권을 장악하고, B.C. 323년에 알렉산드로스가 사망합니다. 이전 역사에 대한 부연적인 이야기가 잠깐 나오기는 하지만, 페르시아 전쟁에서 알렉산드로스의 사망까지의 170년 정도가 이 책의 주 내용이죠. 그 이전의 이야기는 전체의 9분의 1도 채 안 됩니다.

전쟁의 역사에 있어 대강 B.C. 3200년경에 이집트에서 나르메르 왕이 남북의 이집트를 통합하고 제국을 수립했을 때로부터 계산하더라도, 페르시아 전쟁이 일어날 때까지 2,700여 년의 엄청난 시간이 있습니다. 2,700여 년과 170년…. 당연히 전자를 훨씬 길게 다뤄야겠지만 오히려 짧은 기간 동안 일어난 역사를 더 길게 다뤘습니다. 앞의 길고 긴 역사를 찬밥 취급해서 미안한 생각이 듭니다.

앞의 2,700여 년 역사가 그리 중요하지 않고 하찮은 역사냐 하면 그건 아닙니다. 도시가 건설되고, 거대한 성벽을 쌓고, 전쟁이 일어나고, 제국이 출현하고, 온갖 영웅들과 찬란한 문화가 활짝 피어나는 그런 때였습니다. 메소포타미아 지역을 예로 들면, 패기 넘치던 야심만만한 왕 길가메시의 이야기가 있습니다. 제국을 건설한 무적의 왕, 당대의 온갖 세상을 정복하고 "바다에 무기를 씻었다."는 카리스마 넘치는 말을 읊은 사르곤 왕도 있습니다. 너무나 양심적인 왕, 기득권으로부터 약자를 보호하고 미망인과 고아들이 남자들의 힘에 의해 희생되는 것을 용납지 않겠다고 신께 맹세한 왕, 도덕적 올곧음이 기득권의 미움을 사고 결국 몰락으로 이어진 안타까운 우루카기나 왕의 이야기도 있군요.

이집트의 경우를 볼까요. 페르시아 시대 이전까지만 해도 무려 26개의 왕조가 흥망성쇠를 거듭합니다. 까마득한 옛날, 서로 다투던 상 이집트와 하 이집트를 통일한 나르메르 왕이 있습니다. 위태로운 어린 시절을 보내고 마침내 제왕으로 우뚝 선, 이집트의 나폴레옹이라 불리는 투트모세 3세의 이야기도 흥미진진하지요. 히타이트와 유례가 없던 대전쟁을 치른 람세스 2세의 이야기는 웅장합니다.

이런 많은 영웅들과 찬란한 역사의 이야기는 이 책뿐만 아니라 대부분의 다른 역사책에서도 그에 걸맞은 대우를 받지 못합니다. 트로이 전쟁이나 스파르타, 알렉산드로스에 비해 사르곤이나 람세스 2세, 아시리아 등은 많이 알려지지 않았죠.

아무래도 역사 연구의 주도권이 서구에 있기 때문에 그들의 선조 격을 주역으로 내세운 영향이 있겠죠. 헤로도토스 등 서구 쪽의 뛰어난 역사가들이 자신들의 역사를 꼼꼼히 남긴 것도 이유 중 하나일 겁니다. 거기에 비해 메소포타미아의 쐐기 문자나 이집트의 상형 문자로 남겨진 기록은 구체적이지 않고, 세밀한 상황을 알기 힘듭니다. 하물며 기록이 없는 문명은 그야말로 장님 코끼리 만지기 식의 접근을 할 수밖에 없겠죠. 저 자신이 수박 겉핥기 식의 역사 지식밖에 없기도 하고, 상대적으로 자료도 적고, 주류에 편승하려는 마음과 내용 전개상의 이유 등으로 반드시 짚고 갔어야 할 역사의 흐름을 외면한 점이 많이 아쉽습니다.

그리스와 알렉산드로스가 만든 역사가 후대에 많은 영향을 끼쳤고, 그 자체가 드라마틱하고 재미가 있다는 점도 부정할 수 없는 사실이라고 봅니다. 그렇지만 자기편이라 생각되는 쪽의 위대함을 강조하면서 역사를 부풀리고, 서구의 우월을 주장하고, 동방은 열등하다고 대 놓고 비하하거나 은근히 무시하는 책들을 보면 화도 나고 어이가 없기도 합니다. 170년의 빛나고 훌륭한 역사가 많은 사랑과 관심을 받는 만큼 2,700여 년, 아니 그 이전부터의 빛나고 위대한 또 다른 역사들도 다양하게 조명되었으면 하는 바람입니다.

'사선진'의 창시자, 에파미논다스

스파르타의 몰락과 테베의 패권 장악에 있어 빼놓을 수 없는 존재가 에파미논다스와 신성대(神聖隊)입니다.

에파미논다스는 나중에 다시 보니 캐릭터 묘사를 잘못했더군요. 왜냐하면 그는 청렴하고 뛰어난 학자이면서 고귀한 인품의 소유자, 웅변가, 천재적인 전략가, 불굴의 용기와 담대함을 가진 위인이었기 때문입니다. 프랑스의 몽테뉴는 《수상록》에서 만약 위대한 인물 세 사람을 들라고 한다면 호메로스와 알렉산드로스, 그리고 에파미논다스를 꼽을 거라고 하며 극찬을 아끼지 않습니다.

에파미논다스는 찢어지게 가난했으며 독신으로 살면서 학문에 전념합니다. 한편 전장에서는 절망적인 상황에서 절친한 친구를 살리기 위해 자기 몸을 던져 싸우기도 했습니다. 스파르타와 친스파르타파가 테베를 유린하고, 수많은 개혁 인사들을 죽이고 쫓아낼 때도 에파미논다스는 너무나 가난하다는 이유로 국내 잔류가 허용되었습니다.

휴전을 의논하러 각 나라 사절들과 같이 스파르타에 간 자리에서는 패권국 스파르타의 아게실라오스 왕의 면전에 대고 거침없이 연설을 합니다.

"전쟁이 끊이지 않는 것은 스파르타가 그릇된 주장을 하고 있기 때문입니다. 이것으로 인해 각국은 고통을 받으며 피폐해지고 있고, 오로지 스파르타만이 점점 강력해지고 있습니다. 만약 스파르타가 이런 입장을 버리고 다른 나라들과 똑같은 지위에 서지 않는다면, 결코 평화란 있을 수 없을 것입니다. 평화는 정의와 평등을 조건으로 할 때에만 이루어질 수 있는 것입니다."

노한 아게실라오스 왕이 묻습니다.

"보이오티아(테베)의 작은 도시들이 자주 독립을 누리는 것은 정의와 평등이라고 생각하시오, 아니면 그렇지 않다고 생각하시오?"

에파미논다스는 대담하게도 이렇게 받아칩니다.

“그러면 라코니아(스파르타)의 작은 도시들이 자주 독립을 누리는 것은 정의와 평등이라고 생각하시오, 아니면 그렇지 않다고 생각하시오?”

무시무시한 스파르타를 무너뜨린 에파미논다스의 사선진은 그리스 전술에 혁명을 일으켰고, 이후 오래도록 수많은 명장들에 의해 다시 쓰입니다. 그의 존재는, 두려울 것 없던 스파르타인들을 두려움에 떨게 했으니, 만티네이아 전투에서 에파미논다스를 찌른 병사는 500년이 지난 후까지도 그 자손들이 세금 면제 혜택을 누리고 있었습니다. 죽은 에파미논다스가 남긴 것은 쇠돈 한 푼밖에 없었다고 하네요. 에파미논다스는 이렇게 말했다고 합니다.

“검약한 식사와 반역은 우정을 나눌 수 없는 것이다.”

에파미논다스

신뢰와 헌신의 신성대

'신성대(神聖隊)'는 테베가 스파르타에 저항하며 최초로 승리를 거둔 테기리아 전투에서부터 레우크트라 전투를 거쳐 이후 30년 가까이 가장 강한 부대로 활약했습니다. 이들은 엄격한 훈련을 받은 최정예 돌격대로 전열의 최전방에 배치되었습니다. 레우크트라 전투에서 상대편 우익의 스파르타 최정예병들을 격파하는 데 있어서도 혁혁한 공을 세웁니다.

신성대는 테베의 고르기다스라는 인물이 창설했는데 300명의 인원으로 구성됐습니다. 테베 판 〈300〉이라고 할 수도 있겠죠. 특이한 점은 이들이 150쌍의 연인들로 이루어졌는데, 남녀 연인이 아니라 남자들만의 동성 연인들이었던 겁니다.

부족과 가족 중심으로 편성된 그리스 부대들이 종종 무너지는 것을 본 고르기다스가 사랑의 힘으로 편성된 군대를 만들면 자신의 연인을 지키기 위해, 연인에게 부끄러운 모습을 보이지 않기 위해 사랑의 힘으로 최고의 전투력을 낼 수 있지 않을까 하는 아이디어에서 만들었다고 합니다.

고대 그리스에서는 동성애가 큰 허물이 되지 않았더군요. 여자들은 늘 무시당했고 지위는 형편없었으며, 오히려 남자들의 동성애가 더 격이 높고 고결한 우정을 나누는 행위로 인식됐습니다. 어린 소년이 성인 남성의 욕구를 만족시키는 것은 지혜와 덕을 가르치는 교육에 수반된 매우 가치 있는 일로 여겨졌습니다. 플라톤은 "여자와 동침하면 육신을 낳지만 남자와 동침하면 마음의 생명을 낳는다."라고도 했죠. 또한 "연인으로만 이루어진 국가나 군대를 만들 수 있다면 그보다 더 좋은 방법은 없다. 모든 병사들이 연인과 함께 싸운다면 아무리 적은 병력으로도 세계를 정복할 수 있을 것이다."라고도 했는데, 테베의 신성대가 그의 말을 증명한 셈입니다.

그리스의 중장보병 밀집 대형은 대형을 무너뜨리지 않고 유지하는 것이 싸움의 처음이자 끝이라고 할 수 있습니다. 상호 간의 굳은 신뢰 · 헌신 · 희생 · 사랑의 힘으로 절대 무너지지 않는 대형을 유지한 신성대도 결국 장렬한 최후를 맞게 됩니다. 다른 중장보병 밀집 부대에 의해 격파당한 것이 아니라, 새로운 군사 혁

남자 동성 연인으로 이루어졌던 신성대

명을 일으킨 마케도니아의 무시무시한 기병대와 장창부대에 포위되어 끝까지 싸우다 254명이 전사하면서 괴멸되어 버립니다. 테르모필레의 스파르타군처럼 비장미가 물씬 풍기는 장면이라고 봅니다. 마케도니아의 필리포스 왕은 용맹하게 싸우다 죽은 이들의 사연을 듣고 눈물을 흘렸다고 합니다.

참혹한 내전

페르시아 전쟁에서 눈부신 승리를 얻은 그리스는 이후 스파르타와 아테네 사이의 패권 경쟁으로 말미암아 펠로폰네소스 전쟁을 일으키고, 결국 어떤 승자도 없이 모두가 쇠퇴해 버립니다.

펠로폰네소스 전쟁은 내전이죠. 일정한 지역에서 역사와 언어, 가치와 문화를 공유하는 공동체 내의 다툼이기도 합니다. 서로가 얼굴 맞대고 살면서 같이 어울리고, 협동을 통해 공동체를 이끌어 나가던 이웃사촌 간은 좀 더 화기애애하고 상대를 배려할 것 같지만 실제로는 그와 반대인 경우가 많습니다. 유고 · 스페인 · 한국 · 콩고 · 르완다 등 역사적으로 많은 내전이 있었습니다. 그중 많은 경우, 내전이 오히려 인간성의 가장 나쁜 면을 부추기고 추악한 행태를 보여 줍니다.

펠로폰네소스 전쟁을 한번 살펴볼까요.

B.C. 427년, 코르키라 섬에서 친아테네 그룹과 친스파르타 그룹 간에 내전이

27년에 걸쳐 벌어진 펠로폰네소스 전쟁은 아테네의 패배로 끝이 났다.

일어났습니다.

민주제를 지지했던 시민들이 우위에 서서 반대파를 색출했습니다. 찾아낼 수 있는 적은 모두 찾아내어 처형해 버렸죠. 탄원자들이 헤라의 성소(聖所)로 피신하자, 그들을 설득해서 50여 명을 법정으로 출두시켰습니다. 그러고는 전원에게 사형 선고를 내리고 죽여 버렸습니다. 재판 출두를 거부하고 성소에 남아 있던 이들은 그 소식을 듣고 목을 매달거나 서로를 찔러 죽이는 등 여러 방법으로 자살을 합니다.

반대파는 곳곳에서 여러 방법으로 죽임을 당했고, 살인자들은 극악한 수단과 방법을 가리지 않았습니다. 아버지가 아들을 죽이기도 하고 신전에서 질질 끌려 나와 죽임을 당한 이들도 있었습니다. 신들의 제단 앞에서 처형당하는가 하면 신전 구석에 틀어박혀 굶어 죽은 이들도 있었습니다. 민주파는 섬을 이 잡듯이 뒤져 일주일 만에 자신들의 적이란 적은 모두 학살했습니다. 그들의 주장은 희생자들이 민주제를 전복시키려 했다는 것이었지만, 이면을 살펴보면 개인적인 원한이나 희생자에게 진 빚 등이 원인이었다고 합니다.

투키디데스는 자신의 저서에서 이렇게 말합니다.

"평화와 번영의 시대에 도시와 개인은 아주 엄격한 행동 기준을 준수했다. 왜냐하면 그들이 원하지 않는 행동을 하도록 강요당하는 상황에 놓여 있지 않았기 때문이다. 하지만 전쟁은 난폭한 교사이다. 힘들지만 일상의 의무를 이행하는 사람들의 능력을 아예 빼앗아감으로써, 전쟁은 사람들의 기질을 현재와 같은 수준으로 추락시켜 버린다.

그리하여 도시마다 분파적 갈등이 터져 나왔다. 그러한 투쟁이 다른 도시들보다 뒤늦게 벌어진 도시에서는, 다른 도시에서 이미 발생한 사건들에 대한 지식을 통해 보다 교묘한 공격과 보다 잔인한 보복 행위를 저질렀다.

전에는 무자비한 공격 행위로 규정되었던 것이 이제는 분파에 가담하는 충성스러운 사람의 용기로 바뀌게 되었다. 미래를 생각하면서 즉각적인 행동을 취하지 않으려는 사람에게는 비겁자라는 칭호가 주어졌다. 온건한 조치를 제안하는 사람은 자신의 비겁함을 은폐하려는 것으로 치부되었다. 어떤 문제의 다른 측면을 이해하는 능력은 행동을 하지 않고 우물쭈물하는 우유부단함으로 여겨졌다. 광신적 열광만이 진짜 사나이를 규정짓는 특징이 되었다. 가족 간의 끈끈한 정보다 어떤 분파에 소속되어 있는지가 더 중요하게 여겨졌다. 그리고 분파의 구성원은 무슨 이유에서든지 극단적인 행동을 할 준비가 되어 있어야 했다.”

투키디데스의 글에서 보듯 내전은 서로 다른 국가와의 전쟁보다 오히려 더 끔찍하고 극단적으로 전개되는 경우가 많습니다. 어제까지 서로 웃고 공동체의 일원으로 생활하던 이들이 상대방의 목에 칼을 들이대고, 죽고 죽이고, 자신들의

펠로폰네소스 전쟁은 훨씬 격렬하고 잔혹하기 그지없었다.

행위를 은폐하기 위해 추악하고 비열한 수단들을 사용합니다. 전쟁에 있어 장엄함이나 비장함, 불굴의 용기와 희생정신 등의 모습도 잘 안 보입니다. 누가 이기든 결국 내전이 끝이 나면 다시 공동체의 울타리 안에서 같이 호흡하며 얼굴 맞대고 살아야 합니다. 과거에 대한 치열한 반성과 재발 방지를 위한 노력이 있으면 참 다행입니다. 그런 노력이 없다면 상처의 아픔은 속으로 삭여야 하죠. 자신의 소중한 가족이나 친구를 공격한 이를 이웃에 두고 꾹꾹 눌러 참으며 더불어 살아가야 하는 건 쉽지 않을 것 같습니다.

우리나라도 1950년부터 3년간 끔찍한 내전을 겪었죠. 치열한 반성과 재발 방지의 노력이 얼마나 있었을까요? 그리고 그 상처와 아픔을 과연 얼마나 보듬고 치유했을까요?

스타르타 번영의 중심, 리쿠르고스

스파르타가 무시무시한 전투력을 갖고 그리스 최강국이 된 것에는 리쿠르고스라는 인물의 영향이 절대적이었습니다.

기원전 7세기쯤, 그리스는 빈부 격차와 그로 인한 소수파와 다수파의 갈등이 너무나 극심해져 에우노미아eunomia, 즉 선한 정치의 이상은 간데없고 사회는 불안정하기만 했습니다. 스파르타는 그 정도가 어찌나 심했던지 "저들의 욕심은 끝내 화를 부르고 말 것이다.", "그리스에서 가장 질 낮은 정치를 하는 나라."라는 말이 공공연히 나왔죠. 스파르타 귀족층의 물질주의와 탐욕은 끝이 없고 무자비해서 서민들은 전 재산은 물론 자유까지도 빼앗길 정도였습니다. 메시니아를 정복하고 그리스에서 가장 부유한 나라가 됐음에도 불구하고 상황은 더욱 악화되었습니다. 당시 그리스 전반에 일어난 군사 혁명으로 메시니아 정벌의 주역은 상류층의 기병이 아니라 농촌 출신의 중장보병이었습니다. 그런데도 승리의 열매는 상류층의 차지였습니다. 갈등이 너무나 심화되어 나라가 붕괴 직전이었죠. 스파르타는 개혁, 아니면 파멸이라는 절체절명의 순간을 맞았습니다.

이때 나타난 이가 바로 리쿠르고스입니다.

청렴하고 고결하고 뛰어난 지혜를 가진 걸로 알려진 리쿠르고스는 세계 각지를 여행하며 견문을 넓히고 돌아와서 신탁을 받은 후 대대적인 개혁을 단행합니다.

먼저 원로원을 세워서 권력의 균형을 맞추고, 대대적인 토지 개혁을 했습니다. 전체 토지를 3만 9천 조각으로 나눠 균등하게 분배한 거죠. 한발 더 나아가 불평등과 탐욕의 근원으로 지목된 화폐를 사실상 못 쓰게 만들었습니다. 게다가 자유민은 아예 돈벌이를 하지 못하게 했습니다. 모든 노동이나 경제 활동은 시민권을 거부당한 이류 인간들의 몫이 된 겁니다. 사치스럽고 쓸모도 없는 모든 예술 활동도 불법임을 선포했습니다. 외국의 나쁜 물이 들지 않도록 시민들이 다른 나라를 마음대로 다니지 못하게 했으며, 특별한 이유 없이 스파르타에 체류하는 외국인은 모두 추방했습니다. 공동 식사 제도를 만들어서 다 함께 모여서 똑같은 메뉴의 식사를 하도록 했습니다. 식사의 맛은 너무나 끔찍했다고 하네요.

부자들로부터 재산을 빼앗았을 뿐 아니라 부에 대한 의미 자체를 없앴고, 모든 스파르타의 시민을 '사냥꾼' 이란 단일 집단으로 묶었습니다. 스파르타인들은 태어나자마자 순응에 최고의 가치를 두는 혹독한 훈련을 받았고, 도시는 병영이 되고 사회는 거대한 방진이 되었죠. 스파르타는 원래의 호전성에 리쿠르고스의 개혁이 절대적인 영향을 끼치면서 그리스의 최강국으로 발돋움했습니다. 똘똘 뭉쳐 무섭게 덤비는 스파르타와는 아무도 싸우려 하지 않았죠.

리쿠르고스는 자신의 개혁법을 문자화하는 것도 금지하고 교육을 통해 백성의 마음속에 직접 새겨 넣어야 된다고 했습니다. 그리고 자신의 개혁이 실행되는 것에 매우 흡족해하며 이 제도를 영원불멸의 것으로 자자손손 영원히 이어지게 하고 싶어 했습니다. 그는 스파르타의 모든 시민을 모아서 자신의 개혁을 심판받는 신탁을 받고 돌아올 때까지 개혁법을 고치지 않고 그대로 유지할 거라는 맹세를 받았습니다. 그러고는 만족할 만한 신탁을 받은 후, 스파르타로 돌아가지 않고 스스로 굶어 죽음으로써 개혁법이 영원히 이어지게 했습니다.

이후 수백 년 동안 스파르타가 최강의 자리를 지키게 된 데는 리쿠르고스의 영향이 절대적이었습니다. 그러나 오늘날 보면, 처음의 그 뜻은 좋았을지 몰라도 개혁 제도가 너무나 강압적이고 엽기적인 것도 사실입니다. 스파르타의 시민은 개개의 인성을 가진 존재가 아니라 커다란 블록의 한 조각, 집단의 부속품, 개미굴 속의 한 마리 개미 취급을 받은 것이죠. 스파르타를 흥하게 하기도 했지만, 테베군에 패한 후, 끝없는 몰락을 겪게 되는 데에도 리쿠르고스 개혁법의 경직성, 폐쇄성, 무비판적인 교조주의적 특성이 한몫을 차지하지 않았나 하는 생각이 듭니다.

테르모필레 전투

사람들은 극적인 이야기를 좋아합니다. 이야기가 실제로 있었던 사실이라면 더욱 흥미롭죠. 역사적 사실을 이야기할 때도 보다 재밌고 흥미 있게 전해 주려는 뜻에서 기승전결을 명확히 하고, 곁가지는 빼기도 하고, 재밌는 부분은 강조하기도 합니다.

스파르타와 페르시아 간의 테르모필레 싸움도 극적인 요소가 부각되다 보니 실제 사실과 약간 다른 모습으로 사람들에게 알려지곤 합니다.

보통 '300명의 스파르타 전사들이 페르시아 수십만 대군에 맞서 비장미 물씬 풍기게 싸우다가 전멸했다.'는 정도의 요약으로 전해지는데, 실제로는 스파르타를 위시한 그리스 연합군이 수천 명이었고, 그들의 무장을 나르고 수발을 들고 경장병 역할도 하는 노예병들도 상당수 있었을 겁니다. 스파르타는 제전이 끝나는 대로 전 병력이 지원을 올 예정이었죠. 사실은 300명보다는 훨씬 많은 방어 인원이 있었다는 말입니다. 그렇다고 해도 역시 페르시아의 군세에 비하면 상대도 되지 않지만….

300명의 스파르타 전사들이 전원 전사했다고 말하기도 애매합니다. 엄밀히 말하면 두 명이 살았습니다.

전령 판티테스는 테살리아에 파견됐고, 에우리토스와 아리스토데모스 두 사람은 심한 눈병 때문에 잠시 전장에서 벗어나 있었다고 합니다. 그중 에우리토스는 페르시아의 우회 작전 소식을 듣자마자 전장으로 달려가서 혼란의 와중에 뛰어들어 싸우다 전사했습니다. 판티테스와 아리스토데모스는 스파르타로 귀국했는데 비겁자로 낙인찍혀 온갖 지탄과 치욕을 받았습니다. 아무도 그들에게 불을 빌려 주지 않았고, 말을 거는 사람도 없었죠. 판티테스는 견디다 못해 목을 매 자살했고, 아리스토데모스는 훗날 플라타이아이 전투에서 전열을 박차고 미친 듯이 돌진해 최고의 용맹을 선보이며 수많은 적군을 죽이고 전사했습니다.

비장함에 있어 최고라 할 만한 테르모필레 전투의 가장 비장한 장면은 개인적으로 레오니다스 왕이 전사할 때라고 봅니다. 불사 부대가 우회로를 통해 습격해 오고, 스파르타, 테스피아, 테베군만 남아서 최후의 싸움을 할 때, 레오니다스 왕

"이 방패를 가지고 집에 오든지, 아니면 그 위에 누워 오든지 하라!"

은 방벽이 보호하는 좁은 통로를 나와 보다 넓은 곳에 포진을 했습니다. 거기서 격전이 벌어졌고, 그 와중에 레오니다스 왕이 장렬하게 전사했습니다. 왕의 유체를 차지하기 위해 양군은 격렬하게 싸웠고, 그리스군은 네 차례나 페르시아의 폭풍 같은 공격을 격퇴하고 유체를 구조했습니다. 지면상 이 장면을 그리지 못한 게 아쉽군요.

결국 그리스군을 전부 죽이고 레오니다스 왕의 유체를 차지한 크세르크세스 왕은 영웅에게 예를 표하는 게 페르시아의 관습임에도, 유체의 머리를 자르고 말뚝에 꽂아서 길가에 세워 둡니다. 레오니다스 왕이 얼마나 페르시아군의 애를 먹였는지를 알 수 있는 장면이죠.

알렉산드로스에 대하여

이 만화에서 알렉산드로스 대왕은 금발에 파란 눈을 하고 있습니다.

어느 날 누군가가 왜 알렉산드로스가 금발을 하고 있느냐고 그러더군요. 순간 저는 당황했습니다. 당연히 알렉산드로스가 금발에 푸른 눈인 걸로 생각했거든요. 영화에서도 그렇게 묘사되었고, 알렉산드로스의 석고상을 봐도 왠지 금발로 인식되었습니다. 많은 그림들에서도 알렉산드로스는 금발로 그려졌죠.

벽화에 나오는 알렉산드로스

저는 로마의 폼페이 유적에서 발굴된 그 유명한 알렉산드로스의 모자이크를 다시 한번 찾아봤습니다. 그에 대한 그림 중에서 가장 오래된, 폭 6미터에 달하는 이 그림 속에서도 당연히 알렉산드로스가 금발이었다고 기억하고 있었는데, 놀랍게도 그게 아니더군요. 그림 속 알렉산드로스의 머리 색은 짙은 갈색이나 검은색에 가깝게 보입니다. 눈도 검은색에 가깝고요. 이 모자이크가 B.C. 300년경의 그리스 회화를 복제한 것이니까 실제 알렉산드로스 대왕의 머리 색도 이와 같았을 가능성이 높다고 봅니다.

곰곰이 생각해 보니 예수 그리스도의 외모도 예술 작품에서 보면 전형적인 셈족의 모습이 아닌, 게르만족이나 켈트족처럼 금발에 푸른 눈으로 묘사되곤 하더군요. 세계사의 주도권을 잡은 쪽에서 세계적인 위인들을 자신들 쪽으로 끌어다 붙이기 위해 모습을 변형시켜 묘사했다는 의견도 있습니다.

오늘날 많은 책에서 주장하듯 페르시아 전쟁이나 알렉산드로스의 정복 전쟁을 동서양의 갈등, 억압적인 전제 왕조와 자유로운 민주 세계의 대립, 유럽의 승리라고 내리는 결론도 문제가 있다고 봅니다. 당시에는 근동과 그리스 사이의 친밀도가 그리스와 다른 유럽 사이의 친밀도보다 훨씬 컸다고 봅니다. 그리스의 중장보병들이나 알렉산드로스가 그 당시에 켈트족이나 게르만족, 슬라브족, 앵글로 · 색슨족 들을 대표해서 싸운 것 같진 않습니다. 오히려 이들을 다른 세계의 사람, 야만인들로 무시하지 않았을까요?

페르시아 전쟁의 그리스, 알렉산드로스를 유럽의 대표 선수로 선정하고 유럽 전체의 승리자로 만든 주류는 당시 야만인들의 후예들이죠. 그 후예들이 아시아와 유럽 사이에 금을 긋고, 알렉산드로스를 조상인 듯 옹립하고, 편견을 만들고 고착화시킨 듯합니다. 오늘날 우리의 삶도 후대의 누군가의 필요에 의해 재단되겠지요. 지금 우리가 느끼는 가치와는 상관없이 후대의 잣대에 의해 지금의 역사가 선별되고 재구성되고 새로운 의미가 덧씌워질지도 모른다고 생각하니 별로 유쾌한 기분은 아니군요.

페르시아를 정복한 알렉산드로스 대왕은 인도 북부 펀자브 지역까지 진군하여 그곳의 맹주 포루스를 이깁니다. 진군을 계속하려는데 부하들이 더 이상은 못 가겠다고 항명을 하죠. 알렉산드로스는 토라진 듯 막사에서 사흘 동안 꼼짝도 안 합니다.

알렉산드로스의 이런 행동은 단순히 화나고 삐쳐서 한 행동은 아닙니다. 알렉산드로스는 옛날이야기들을 좋아했죠. 그중에서도 호메로스의 〈일리아드〉를 가장 좋아해서 페르시아 원정 시에도 늘 지니고 다니며 읽고, 베개 밑에 두고 잘 정도였습니다. 그는 자신이 헤라클레스와 아킬레스의 후손이라고 생각했습니다. 그들 못지않은 영웅, 나아가 신이 되고 싶어 했죠. 막사에서 꼼짝 않고 있었던 것도 〈일리아드〉에서 아킬레스가 아가멤논 왕과의 알력으로 막사에 칩거한 것을 모방한 거라더군요. 그렇게 함으로써 부하들에게 반성하는 마음과 수치심을 느끼게 하려는 목적이었습니다. 그전에 몇 번은 이 방법이 통했지만, 펀자브에서는 부하들의 인내도 한계에 달해서 결국 알렉산드로스가 양보를 하고 말았죠.

알렉산드로스 대왕은 스스로 제우스 · 암몬 신의 아들이라 칭하고 신이 되고 싶어 했습니다. 신으로 칭할 것을 요구하는 말에 대해 어느 스파르타인은 "그가 신으로 불리길 원한다면, 그렇게 불러 주는 수밖에…."라며 비꼬았다더군요. 시민 사회가 발달했던 그리스에서 알렉산드로스의 언행은 받아들이기 힘들었을 겁니다. 그렇지만 그리스의 영웅이나 신들과 비교해 볼 때, 알렉산드로스가 신이 되는 것에 결격 사유는 없는 것 같습니다. 알렉산드로스의 위업은 그가 존경해 마지않았던 헤라클레스나 아킬레스를 훌쩍 뛰어넘어, 어느 신에도 뒤지지 않는다고 보기 때문입니다.

역사에 가정이 없다지만, 만약 알렉산드로스 대왕이 부하들을 잘 다독여 인도 내륙 깊숙이 계속 진군을 했다면 어떻게 됐을까요? 끝없이 펼쳐진 바다를 보고, 인도를 자신의 제국에 편입시켰을까요? 아니면 무적의 제왕이 첫 번째 패배를 맛보게 됐을까요?

그리스인들에게 인도는 너무나 먼 세상의 끝이었습니다. 여행자들로부터 어렴풋이 환상적인 이야기들을 듣기는 했으나 직접 가서 보고 느끼는 것은 처음이었죠. 그들은 인도에서 깊은 인상을 받았습니다. 구도자와 현인들의 지혜, 성실하고 소박한 사람들, 용맹하고 당당한 인도의 군대, 실전에서 경험한 코끼리 부대의 무시무시함, 습하기 그지없는 견디기 힘든 기후….

당시 인도에는 크산드라메스 왕이 지배하는 마가다의 난다 왕조가 강력했는데 40만 대군에 기병이 20,000기 전차가 2,000대, 코끼리가 3,000마리 이상이었다고 합니다. 정복왕 알렉산드로스로서도 싸워 보지 못한 어마어마한 대군입니다. 실제 난다 왕조와 알렉산드로스가 맞붙었다면 어떤 결과가 나왔을지 도무지 알 수 없군요. 다만 난다 왕조의 군사력이 알려진 대로였다면, 제아무리 천재적인 전략과 속도전을 자랑하는 알렉산드로스라도 단숨에 이기기는 어려웠을 것 같습니다.

20년 뒤, 막연하게나마 그 결과를 유추해 볼 수 있는 사건이 일어납니다.

알렉산드로스의 후계자 중 가장 광대한 지역을 차지한 이는 셀레우코스였습니다. 당시 인도 북부에는 난다 왕조가 물러나고 찬드라굽타의 마우리아 왕조가 제국을 형성하고 있었습니다. 알렉산드로스가 인도를 떠난 지 20년 뒤에, 셀레우코스가 알렉산드로스의 뒤를 이어 인도를 침공했습니다. 그러나 마우리아 왕조의 엄청난 대군에 패배하고 말았죠. 셀레우코스는 평화 협정을 맺고, 자신의 딸을 찬드라굽타에게 시집보내고 코끼리 500마리를 선물 받았습니다. 그리고 서북 인도의 여러 지역을 마우리아 왕조에 양도하고 물러났습니다. 당시 마우리아 왕조에 파견된 사절이 남긴 기록을 볼까요.

"인도는 도시가 크고 화려하다. 도시 가운데에는 장엄한 왕궁이 우뚝 솟아 있다. 왕궁 안에는 수많은 관리가 각자의 일을 하고 있다. 행정 제도는 잘 정비되어 있고, 왕이 행차할 때는 수많은 관리가 열을 지어 뒤따른다.

…왕은 자신의 명령을 전달하고 반란을 일으킬 만한 지역의 군대를 관리하기 위해 잘 짜인 첩보망을 가지고 있다. 직접 전투를 할 수 있는 군대로는 60만에 이르는 보병과, 잘 훈련된 말과, 전투 기술을 익힌 3만의 기병이 있다. 또한 전쟁에서 큰 힘을 발휘하는 거대한 코끼리 부대를 가지고 있는데 코끼리 부대에 속한 코끼리는 무려 9,000마리나 된다."

셀레우코스가 알렉산드로스는 아니고, 마우리아 왕조도 난다 왕조와 똑같지는 않았죠. 그렇지만 각자가 두 세력의 명실상부한 후계자이므로 이를 통해 막연하게나마 그 결과를 예측해 볼 수 있지 않을까요?

B.C.

4300 (메소포타미아) 전기 우바이드 문화 형성.

2890 (이집트) 초기 왕조 시대 시작됨.

2500 (인도) 인더스 문명의 계획 도시 형성.

1600 (중국) 은殷 왕조 시작.

1200 (그리스) 도리아인의 침입으로 미케네 시대 종말, 암흑시대가 됨. 폴리스 형성되기 시작.

668 (아시리아) 이집트를 침공하여 테베 점령. 메소포타미아와 시리아를 점령하여 사상 최초로 오리엔트 전역을 통일함.

609 (아시리아) 아시리아 멸망, 오리엔트 4국 분립.

591 (그리스) 스파르타 주도로 '펠로폰네소스 동맹' 이 맺어짐.

558 (페르시아) 키루스 2세, 페르시아의 왕을 자처하며 페르세폴리스에 도읍을 정함.

525 (페르시아) 아케메네스 왕조가 이집트를 지배하고 오리엔트를 통일.

521 (페르시아) 다리우스 1세 즉위.

508 (그리스) 아테네, 민주정 확립.

492 페르시아 전쟁 발발(~B.C. 479).

490 마라톤 전투.

480 테르모필레 전투. 살라미스 해전.

479 플라타이아이 전투.

478 (그리스) 아테네 주도로 델로스 동맹 결성.

431 (그리스) 펠로폰네소스 전쟁 발발(~B.C. 404).

404 (그리스) 스파르타의 승리로 펠로폰네소스 전쟁 종결, 스파르타가 패권을 장악함.

395 (그리스) 코린트, 테베, 아테네, 아르고스 등이 동맹을 맺고
스파르타와 코린트 전쟁을 벌임.

371 (그리스) 레우크트라 전투. 테베의 에파미논다스, 사선진으로
스파르타를 격파. 스파르타의 주도권 상실.

359 (마케도니아) 필리포스 2세 즉위.

338 (마케도니아) 필리포스 2세, 카이로네이아 전투에서 아테네, 테베 연합군을
격파하고 그리스를 장악함. 마케도니아 주도의 헬라스 연맹이 결성됨.

336 (마케도니아) 필리포스 2세 암살됨. 알렉산드로스 즉위.

334 (마케도니아) 알렉산드로스 대왕 페르시아 원정 시작. 헬레니즘 시대 개막.

332 (마케도니아) 알렉산드로스 대왕 이집트 정복.

331 가우가멜라 전투. 다리우스 3세, 알렉산드로스 대왕에 패함. 페르시아 멸망.

327 (마케도니아) 알렉산드로스 대왕, 인도 원정.

324 (마케도니아) 알렉산드로스 대왕, 바빌론으로 회군함.

323 (마케도니아) 알렉산드로스대왕 사망, 제국이 분열됨.

전쟁의 역사 1

동서양의 격돌, 고대 그리스의 전쟁

글 · 그림 | 남문희

1판 1쇄 발행일 2011년 10월 24일
1판 2쇄 발행일 2012년 1월 25일

발행인 | 김학원
경영인 | 이상용
편집주간 | 위원석
편집장 | 정미영 최세정 황서현
기획 | 문성환 나희영 임은선 박상경 최윤영 조은화 김희은 정다이
디자인 | 김태형 유주현 구현석
마케팅 | 이한주 하석진 김창규 이선희
저자·독자 서비스 | 조다영 함주미(humanist@humanistbooks.com)
스캔 · 표지 출력 | 이희수 com.
조판 | 텍스트
용지 | 화인페이퍼
인쇄 | 청아문화사
제본 | 정민제본

발행처 | (주)휴머니스트 출판그룹
출판등록 제313-2007-000007호(2007년 1월 5일)
주소 | (121-869) 서울시 마포구 연남동 564-40
전화 | 02-335-4422 팩스 | 02-334-3427
홈페이지 | www.humanistbooks.com

ISBN 978-89-5862-420-2 07920

만든 사람들

기획문의 | 위원석(wws2001@humanistbooks.com)
책임편집 | 고홍준
표지 디자인 | 김태형